全本对照——经典碑帖临写辅导

褚遂良大字阴符经

张青 编著

上海书画出版社

图书在版编目(CIP)数据
褚遂良大字阴符经/张青编著.--上海:上海书画出版社，2016.8
（全本对照:经典碑帖临写辅导）
ISBN 978-7-5479-1252-2
Ⅰ. ①褚… Ⅱ. ①张… Ⅲ. ①毛笔字-楷书-中小学-法帖 Ⅳ. ①G634.955.3
中国版本图书馆CIP数据核字(2016)第150534号

褚遂良大字阴符经
全本对照——经典碑帖临写辅导
张青　编著

责任编辑　张恒烟　李剑锋
责任校对　周倩芸
封面设计　王　峥
技术编辑　包赛明

出版发行　上海世纪出版集团
　　　　　上海书画出版社
地址　上海市延安西路593号　200050
网址　www.ewen.co
　　　www.shshuhua.com
E-mail　shcpph@163.com
制版　上海文高文化发展有限公司
印刷　上海画中画包装印刷有限公司
经销　各地新华书店
开本　889×1194　1/16
印张　4.5
版次　2016年8月第1版　2017年11月第2次印刷

书号　ISBN 978-7-5479-1252-2
定价　28.00元

目录 Contents

总纲

书法是中国的国粹，是世界艺术的瑰宝之一，历来深受人们的喜爱。在中国古代，用毛笔书写以实用为主，经过一代代书法家们对美的追求和探索，薪火传承，不断创造，书写升华为一门博大精深的书法艺术。

书法的技法内容很多，其中最核心的内容当数“笔法”。初学“笔法”，主要要求掌握“执笔法”和“用笔法”。

一、执笔法

在实践中被人们广泛接受的执笔方法，是由沈尹默先生诠释的“执笔五字法”。即用“擫”、“押”、“勾”、“格”、“抵”五个字来说明五个手指在执笔中的作用。（见图）

擫：是指大拇指由内向外顶住笔杆，就像吹箫时按住后面的箫孔一样。

押：是指食指由外向内贴住笔杆，和拇指相配合，基本固定住笔杆。

勾：是指中指由外向内勾住笔杆，加强食指的力量。

格：是指无名指爪肉处从右下向左上顶住笔杆。

抵：是指小指紧贴无名指，以增加无名指的力量。

如上所述，五个手指各司其职，将圆柱体的笔杆牢牢地控制在手中，各个手指的力从四面八方汇向圆心，执笔自然坚实稳定，便于挥运。

执笔的要领是指实掌虚，腕平掌竖。这里特别要提醒的是，随着书写姿式（如坐姿和立姿）的变化，手腕的角度和大拇指的角度应该作相应的调整。

二、用笔法

用笔，又叫运笔，是“笔法”中最为重要的核心内容，它直接影响到书写的质量。

（一）中锋、侧锋、偏锋

一般来说，在书写中笔尖的位置有三种状态，即“中锋”、“侧锋”、“偏锋”。

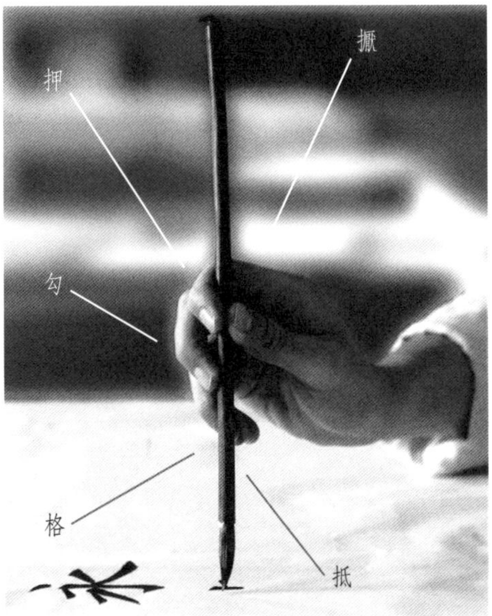

执笔示意

“中锋”：主锋的方向和运动的方向相反，呈180度，令笔心在笔画的中线上行走，而笔身要保持挺立之状。

“侧锋”：起笔时逆势切入，运笔时笔毫斜铺，笔尖方向和运动方向处于90度到180度之间，呈夹角，而收笔结束时回复到中锋状态。

“偏锋”：笔尖的方向和运动的方向成直角（90度）。

用中锋和侧锋写出的线条具有立体感和感染力。用偏锋写出的线条扁平浮薄、墨不入纸，是病态的，应该绝对摒弃。古人总结出用笔的规律，提倡“中侧并用”，就是这个道理。

（二）起笔、运笔和收笔

每一个点画都包含起、运、收三部分。所以掌握正确的起笔、运笔、收笔方法十分重要。

1. 起笔

起笔又叫发笔、下笔，它的基本形状无非方、圆、藏、露四种。起笔的基本方法有三种，即“尖头起笔”、“方头起笔”、“圆头起笔”。

尖头起笔（露锋）

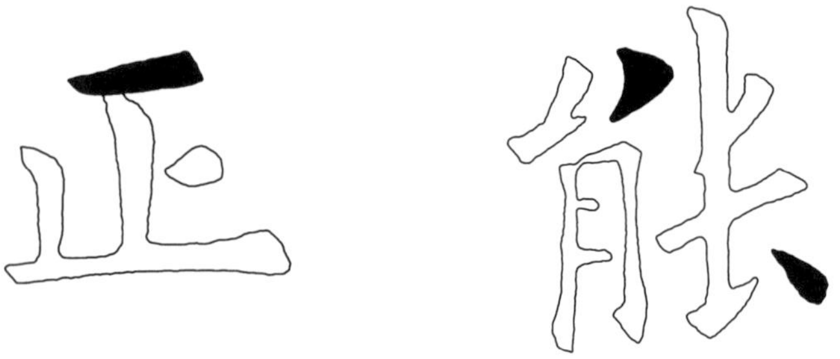

方头起笔（露锋、藏锋皆可）

圆头起笔（藏锋）

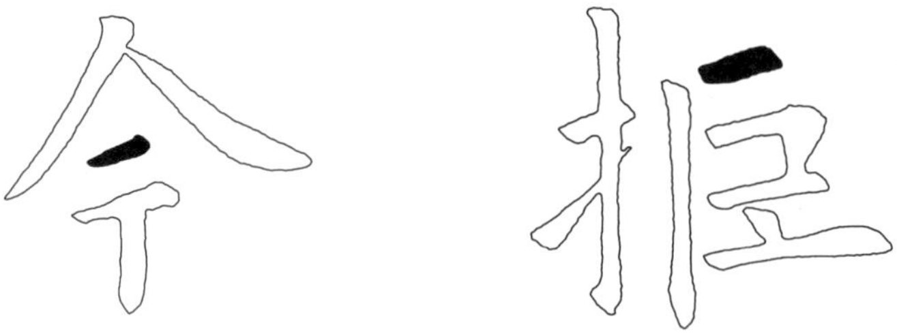

2. 运笔

运笔部分即笔画的中截，又称“中间走笔”。

运笔的第一个要求是始终保持中锋或侧锋。要做到这点就离不开调锋。调锋的目的，就是使笔尖调整到中锋或侧锋的位置。

调锋的手段有三种：

一是提按动作，通过上下垂直的运动使笔尖达到理想的位置。

二是衄挫动作，通过平面的挫动，使笔尖达到理想的位置。

三是兜圈动作，通过顺时针或逆时针方向的转动，使笔尖达到理想的位置。

运笔的第二个要求是涩行。笔锋和纸面相抵产生一种相争、对抗，即在运笔的过程中要有摩擦力，古人生动地比喻为“逆水行舟”和“中流荡桨”，这样写出的笔画才浑厚凝重。切忌平拖滑行。

3. 收笔

笔画结束，一定要回锋收笔，如遇出锋的笔画，如钩、撇、捺等，也要有收的意识，即“空收”。古人说“无垂不缩，无往不收”，言简意赅地阐明了收笔的重要性。收笔回锋有两个作用：一是使笔尖由弯曲还原成直立，使点画起讫分明；二是不论藏锋还是露锋，收笔必须过渡到下一笔画的起笔。

第一讲

基本笔画及变化——横竖撇捺

横、竖、撇、捺、点、钩、折、挑八个基本点画是构成汉字的重要元素。

一、横

褚遂良《阴符经》中的点画，笔势显露，笔意清晰，对比强烈，方圆兼容。尤其横画的变化比较丰富，大致分成两种：一种为顺势的长横，另一种为逆势的横。

基本写法

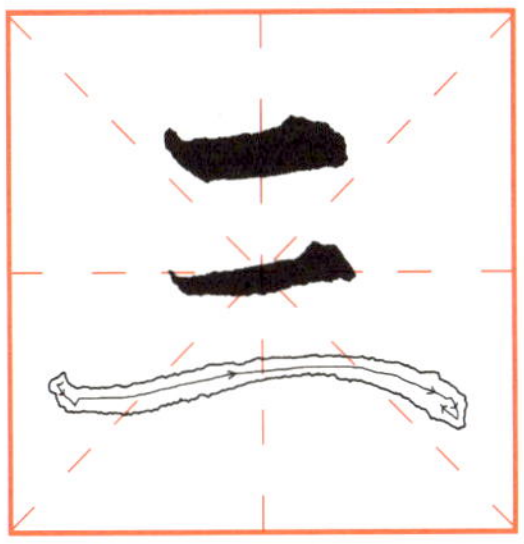

顺锋横：斜切着纸，铺毫顺笔而行，线形常起伏生动而有波折，收笔厚重有顿挫。

逆锋横：由上笔翻笔得势，取逆涩行笔，线形遒劲挺拔。

小提示

❶ 褚遂良《阴符经》中的长横一波三折、风姿绰约，起伏变化丰富，写起来痛快淋漓，但其中牵丝不可过分描摹，以自然为上，否则易入描头画足之嫌；行笔速度也不易过快， 否则易造成浮滑。

二、竖

褚遂良《阴符经》中的竖画变化也很多，大致分成两种：一种为粗短有力的竖，另一种为“三折笔”式有弧度的竖。

基本写法

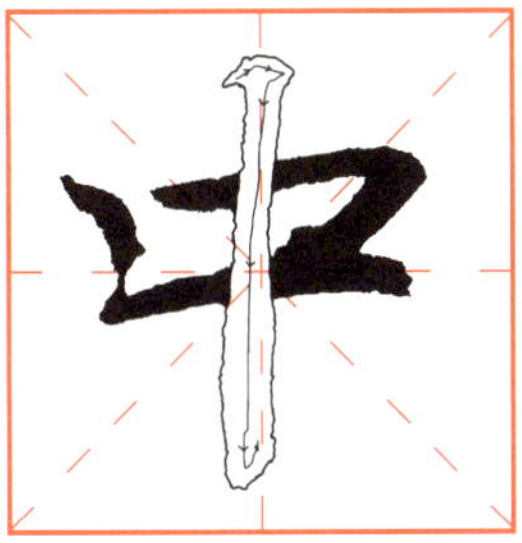

粗短有力之竖：落笔着纸，顿挫后提笔逐渐铺毫，收笔饱满厚重。

三折笔式之竖：由空中直接往左，逐渐铺毫落笔，稍顿挫后向右拐，再向左走行程有节奏的“s”形用笔。

小提示

❶ 褚遂良《阴符经》中的左侧竖，常显“s”形笔迹，反映了褚书调锋的运笔特点。“S”形是为使笔势承上启下，连贯顺畅而形成的，但是这种用笔只是调锋手段，不可盲目追求，只能顺其自然，不可矫揉造作。

三、撇

褚遂良《阴符经》中的撇画，大致可以分为两种：一种为粗重有力的短撇，另一种为带有掠势的长撇。

基本写法

粗重有力的短撇：侧锋入笔，迅速铺毫。逐渐提笔略有回锋之意。

带有掠势的长撇：上部稍直，中间提笔稍轻，并轻快左扬，掠出部分肥满厚重而又飘逸自然。

小提示

❶ 褚遂良《阴符经》中的撇画虽有行草书的飘逸，但用笔速度不宜过快，即使很细也要挺拔富有弹性。

四、捺

褚遂良《阴符经》中的捺画一波三折，并带有明显的隶意，厚重含蓄，古韵盎然。此帖的捺一般可分为短捺、长捺、平捺等。

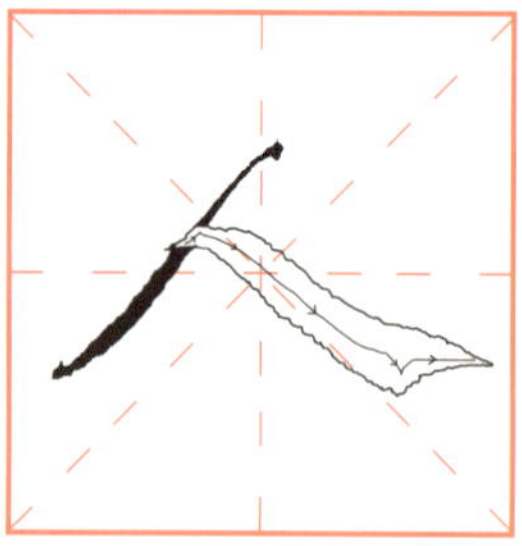

基本写法

短捺：如“胜”字，直落铺毫，尤留章草遗韵。

长捺：运笔由轻及重，一波三折，捺角厚重，力送笔尖。

平捺：逆锋入笔，沉着铺毫。

小提示

❶ 褚遂良《阴符经》中的捺画虽一波三折，但不能因为求变化而故意描摹，起伏求自然。

五、拓展：明理　书象　至乐　静心

临习要点

“书”、“理”、“至”注意横画之间要有疏密、长短、粗细等的变化，“象”字的多撇也有斜度、长短、起收笔等的变化，且整个字重心偏低。“静心”两字笔画一繁一疏，“心”字笔画少，字不能写得过大，“静”字笔画多，要写得紧凑，且两字一静一动，形成对比。

创作提示

创作少数字作品时，注意字与字之间大小粗细轻重等变化，务使其匀称协调。

幅式参考

扇面

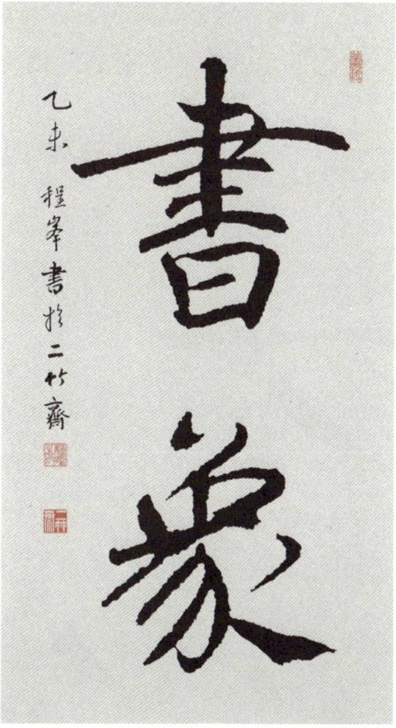

小中堂

第二讲
基本笔画及变化——折钩提点

一、折

褚遂良《阴符经》中的折，圆中见方，但顿挫分明，笔画圆润，骨力内含。可分为：圆折、塌肩折、方折等。

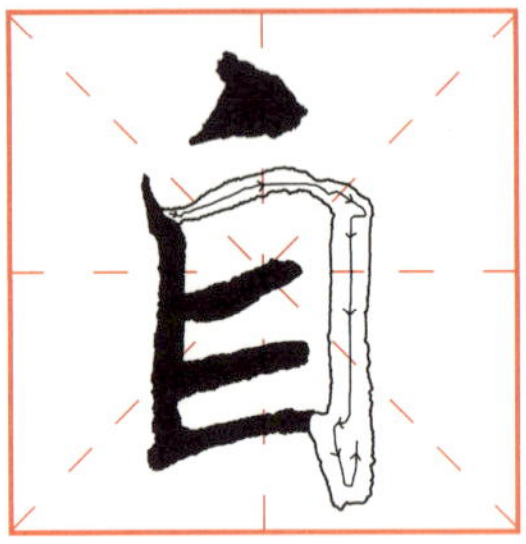

基本写法

圆折：此转折笔画圆润而有骨力，圆中寓方。

塌肩折：转折过程中笔锋提起圆转暗过，犹如削肩美人。

方折：折笔处笔锋提起后顿笔折锋而下，顿挫分明。

小提示

❶ 褚遂良《阴符经》中的折，变化丰富，注意方圆结合。

二、钩

褚遂良《阴符经》中的“钩”画挺拔有力，钩出部分具有宽、满、短、锐的特点。

基本写法

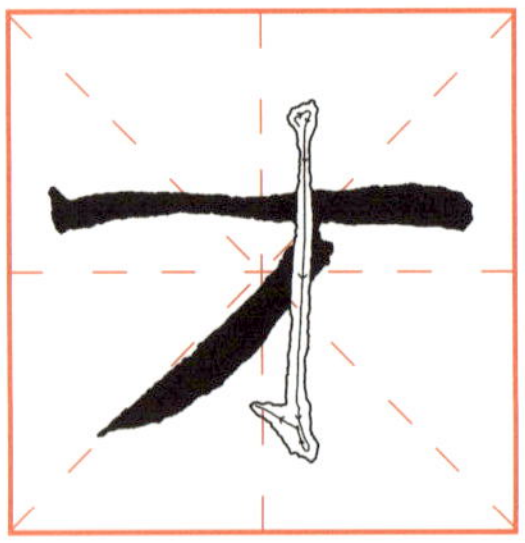

竖钩：有相背体势，中段稍细，钩出短而宽满。

横钩：横略细、挺拔有力，钩出宽满厚重。

竖弯钩：前部分由细到粗，钩出饱满挺拔。

心钩：前段弧度较大，后段缓和，钩出爽利挺劲。

小提示

❶ 钩部虽然潇洒爽利，用笔时，力度依然要送至笔端，要注意节奏的控制。

三、提

褚遂良《阴符经》中的提，用笔迅捷，爽劲有力，在书写中要注意角度、长度的变化，常见的有：平提、斜提、长提等。其中的竖提有一般竖提和“S”形竖提。

基本写法

一般竖提：竖由粗到细，转折处提笔顿挫，调锋后爽利提出。

“S”形竖提：竖略有“S”形笔势，因而提出部分略有弧度。

小提示

❶ 竖提的用笔虽然迅捷，力量尤要送至笔端，方显挺劲。

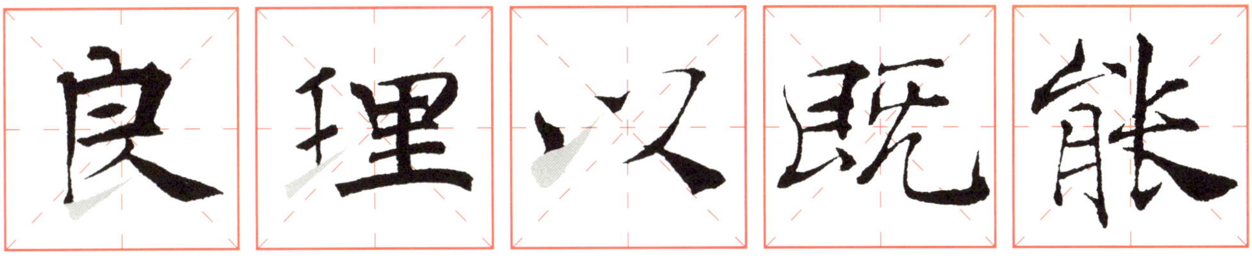

四、点

“永字八法”中称“点”为“侧”，下笔时当顺势落笔，露锋处要尖锐饱满、干净利落，收笔时要收锋在内。褚遂良《阴符经》中的点常见的有：圆点、垂点、瓜子点、反点、撇点、提点、隶意点等。

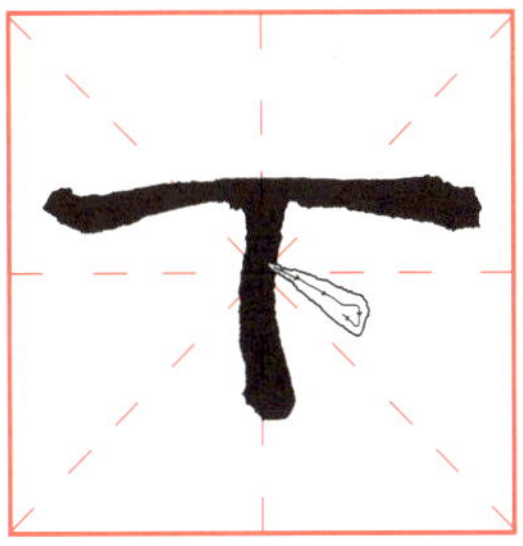

基本写法

隶意点：略带隶书笔意，有古雅之意。

垂点：起笔侧锋取势，收笔呈垂露状。

提点：饱满却不失轻快，富有跳跃感。

瓜子点：起笔峻利，运笔如高峰坠石，状如瓜子。

小提示

❶ 褚遂良《阴符经》中的点形态厚重，常带有行草书的流动感和跳跃感，率意中见法度，有画龙点睛之妙。

五、拓展：得道　无尽　藏拙　听风

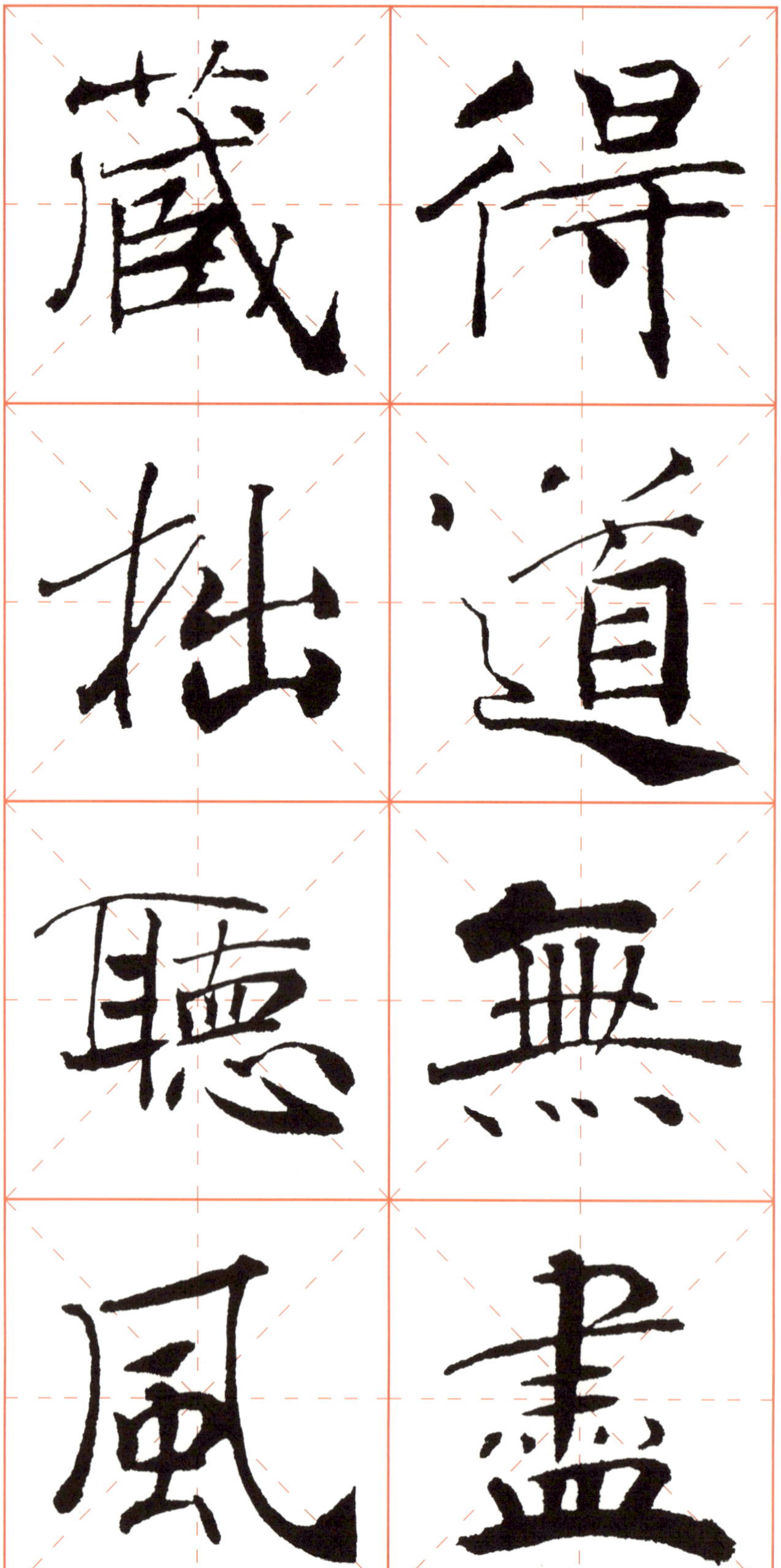

临习要点

“得”、“道”、“尽”折画圆中见方、饱满自然；“藏”、“风”两字钩画爽利潇洒。“听”字笔意连贯，重心偏下，姿态闲雅大方；“藏”字字态平稳，收放有致；“拙”字提手旁细劲婀娜，与右部厚重形成对比。

创作提示

由于字形的天然差异，有些字宜写得安静稳重，有些字可写得飞动洒脱。有动有静，方显美妙。

幅式参考

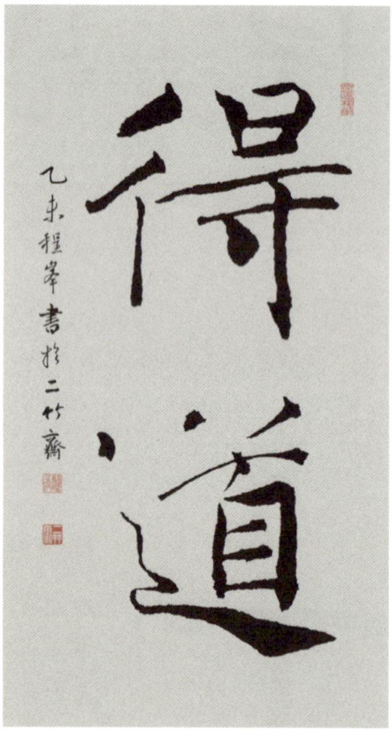

中堂

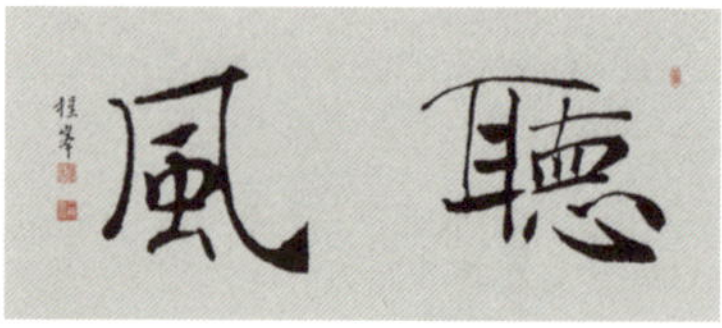

横幅

第三讲

部首——左旁与右旁

部首形态各异，是构成汉字合体字的重要部件。练好部首是掌握间架结构的基础。

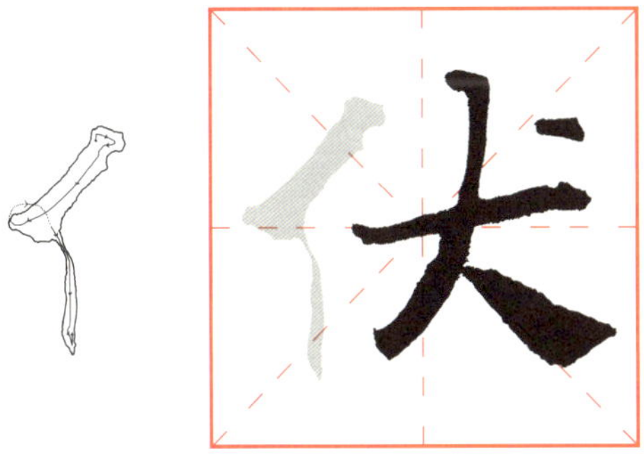

一、单人旁与双人旁

单人旁与双人旁都是由短撇和竖画所组成的，作为左旁所占的位置较为窄小，安排上以“左紧右松”为主，起到避让右边部件的作用，同时下竖的“长短”、“曲直”要根据具体情况有所变化。

单人旁：撇多回锋，竖较细挺，节奏变化。

双人旁：两撇较重，首撇较短，次撇略长。

二、三点水与提手旁

三点水要写出三点不同的姿态，有承接呼应之势，提点注意角度，要与右部首笔的起笔笔意相连；

提手旁竖钩的竖笔稍长，可略带弧势，《九成宫》以左弧为主，竖笔不能竖在“横画”、“挑画”的中间，应偏右，使得提手旁有让右之势。

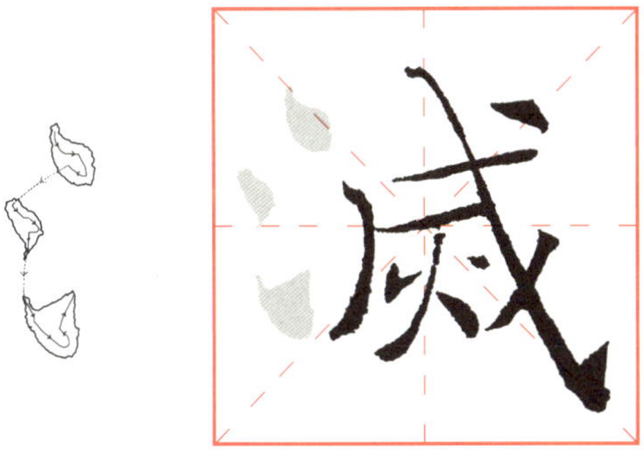

三点水：间距相同，带有弧度，笔意连贯。

提手旁：左倾弧度，富有弹性，与右呼应。

三、左耳旁与日字旁

左耳旁的“左耳”不宜写太大，位置偏上，以让出位置给右边笔画穿插。

日字旁不宜写得太宽，左竖、右折写得较直且略有高低，横细竖粗，底横写成提，并与右部首笔的起笔笔意相连。

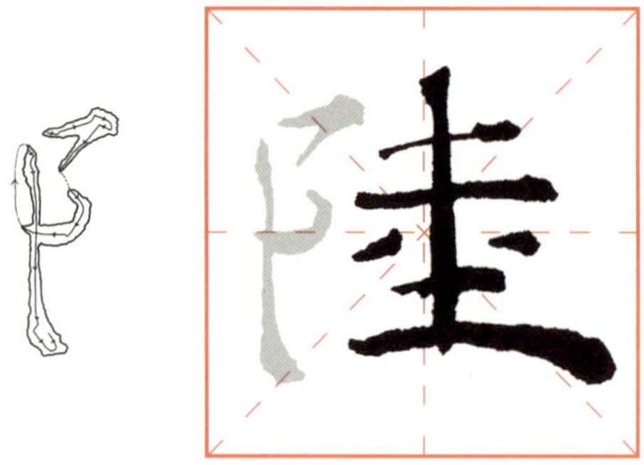

左耳旁：上下略分，笔意相连，竖带弧度。

日字旁：间隔匀称，转折有力，末横上挑。

四、木字旁、禾木旁与绞丝旁

禾木旁与木字旁写法相近，只是禾木旁的上面多了一个平撇。两者都不能将“横竖撇点”四笔交于一点，横画都不宜写得太短，要左伸右缩，体现让右关系。

绞丝旁的两组撇折要注意变化，三点稍散开，朝右上方匀称排列，并控制好重心。

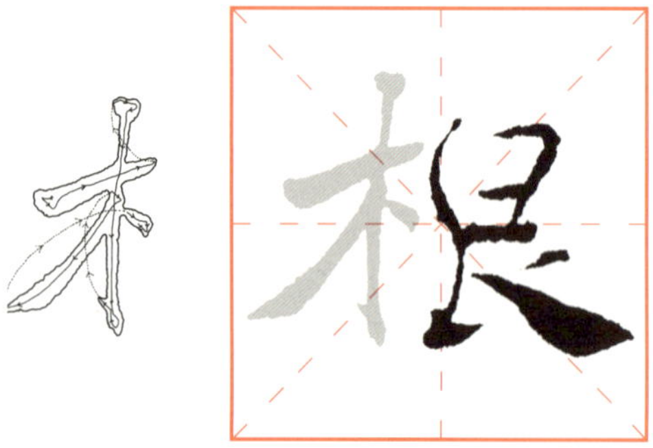

木字旁：竖笔靠右，撇画舒展，点画紧缩。

禾木旁：竖画细劲，钩画较宽，有露有藏。

绞丝旁：撇折紧凑，三点上斜，富有动势。

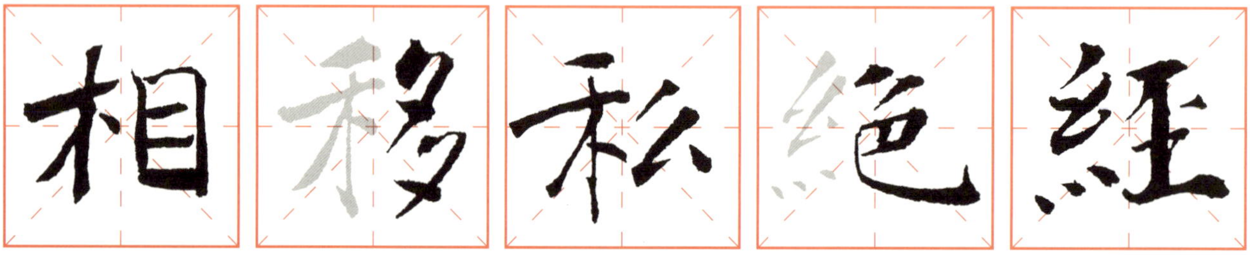

五、较长的左旁

左右结构的字，在书写时要善于比较左、右旁之间的关系，许多字左旁较长。

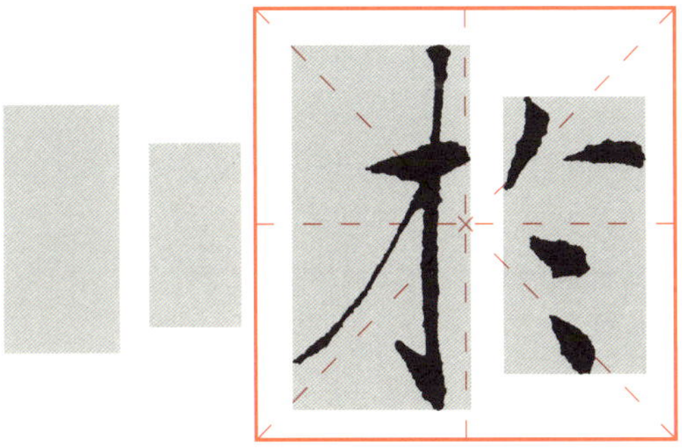

"于"：左旁长、右旁短，右旁位于左旁中间；
"性"：左旁长、右旁短，右旁位置略偏高；
"知"：左旁长、右旁短，右旁位置偏低；
"谓"：左旁长，右旁略短、位置略偏低；
"轻"：左旁长、右旁略短，右旁位于左旁中间；
"物"：左旁长、右旁短，右旁位于左旁中间。

六、较短的左旁

左右结构的字，其中有许多字左旁较短。

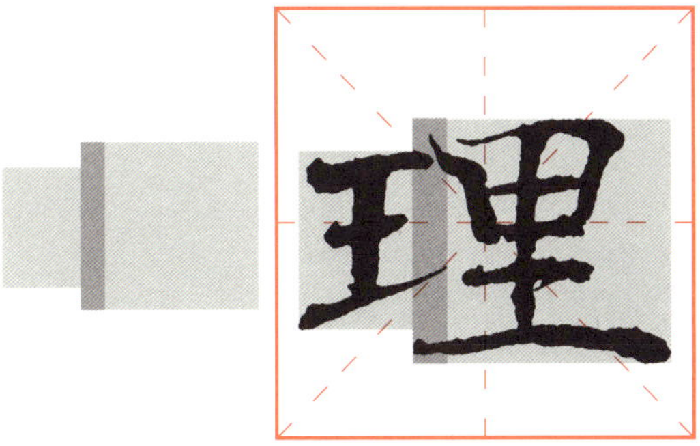

"理"：左旁较右旁短，位置略高；
"神"：左旁较右旁短，位于右旁中间；
"师"：左旁较右旁短，位置明显偏高；
"胜"：左旁较右旁短，位置略低；
"视"：左旁较右旁略短，位置偏高；
"贼"：左旁较右旁短，位于右旁中间。

七、力字旁与反文旁

力字旁的斜折方向与撇趋近于平行，形成的空间微呈上窄下宽，钩角并起到支撑重心的作用；

反文旁的长撇写成竖撇，较弯，长撇与捺画呼应协调，且轻撇重捺、撇收捺放。反文旁有时写成“久”、“支”状。

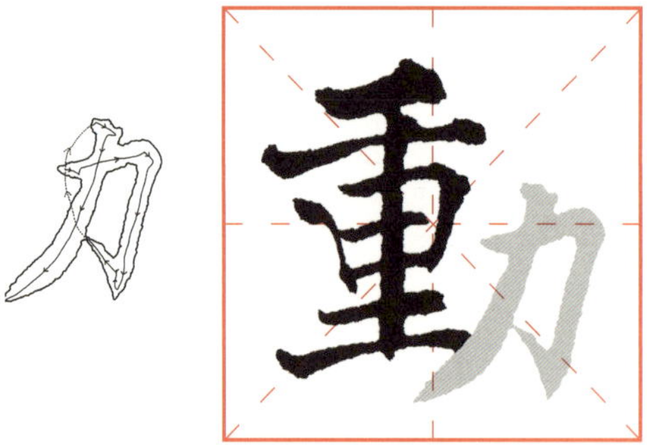

力字旁：撇画舒展，穿插左部，折钩自然。

反文旁：轻撇重捺，撇捺左靠，中宫收紧。

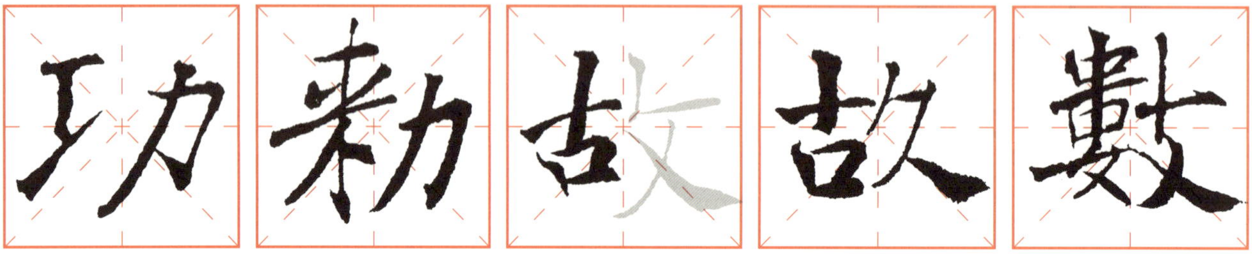

八、右耳旁、立刀旁、页字旁与见字旁

右耳旁的右耳略大，以求平衡协调，点画宜一气呵成；立刀旁的短竖位置在竖钩位置中间偏高，两竖注意保持好距离；页字旁有让左之势，底部撇、点可写成左右点，须撑稳整个字的重心；见字旁上窄下宽，撇、竖弯钩左右舒展。

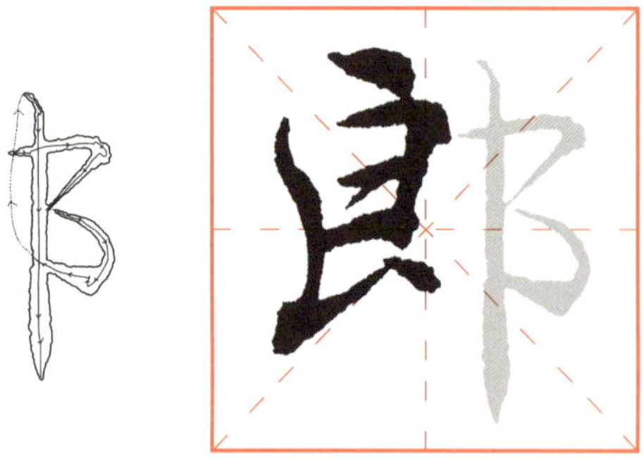

右耳旁：右耳略大，竖画挺拔，粗细渐变。

立刀旁：竖钩遒劲，体势相背，钩部爽利。

页字旁：首横细劲，布白均匀，稳健灵动。

见字旁：横排均匀，撇左穿插，上窄下宽。

九、拓展：天地之道　静观自得

临习要点

“天”、“之”、“道”三字多有行书笔意，注意笔势连贯；“静”、“观”、“得”三字都是左右结构，务使其左右穿插顾盼。

创作提示

“天地之道”四个字中，三个字有捺笔，但粗细形态各有变化，以避免重复。“静观自得”四字中“自”的笔画最少，且是全包围结构，因而不宜写得过大。

幅式参考

团扇

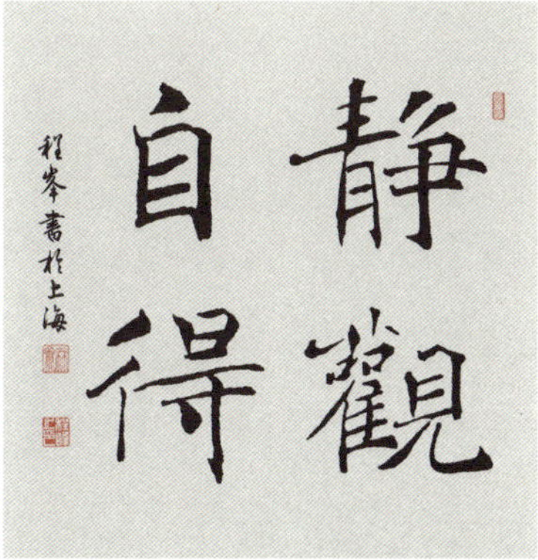

斗方

第四讲
部首——字头与字底

一、草字头与人字头

字头往往要求中心对齐，重心平稳，与下面部件有覆盖、承接等关系，使上下熔为一体。下面草字头的两个“十”形态有变化、相互对称呼应，并与下面部件形成穿插呼应之势；“人字头”呈两面包围之势，要有包容、稳定之感。

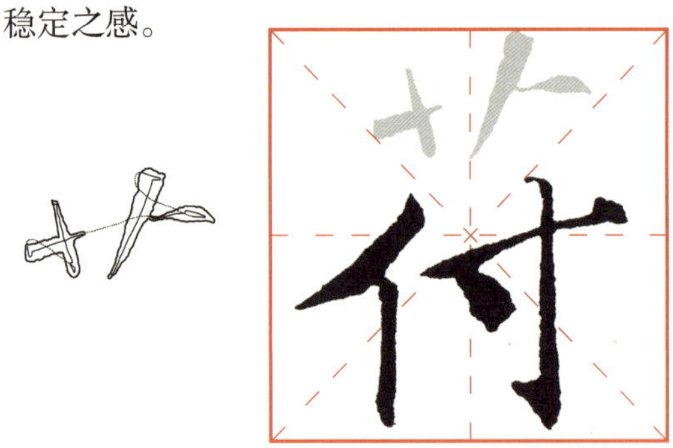

草字头：笔断意连，提按分明，写法多样。
人字头：长撇飘逸，捺画厚重，偶写反捺。

二、宝盖与脱宝盖

《阴符经》中的脱宝盖的左点一般写成撇点或竖点，与横钩舒展呈覆盖下部之势。宝盖比脱宝盖多一点画，首点写法多样，写成竖点或撇点，往往位于整个宝盖的中间，写“安”字时一般与“女”部的首撇连成一笔。

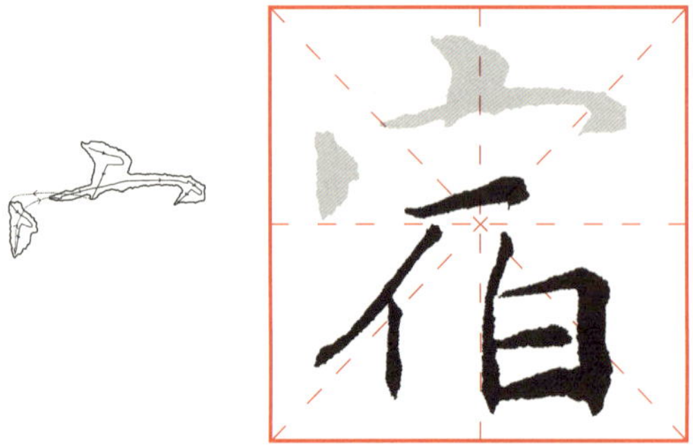

宝盖：上点厚重，变化多姿，横细钩重。
脱宝盖：较宝盖少一点，写法基本相似。

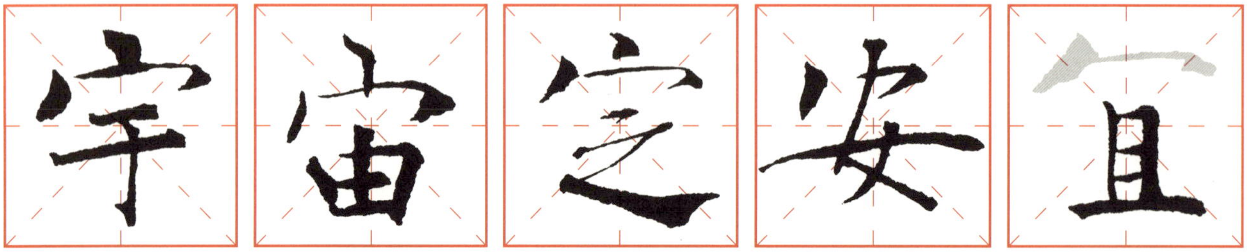

三、日字头与穴字头

日字头有两种，一是“上宽下窄”，不宜写得太长，二是上下同宽，形状瘦长；穴字头的上面写法同宝盖，下面的撇与点，可写成相背点，整体左右对称呼应。

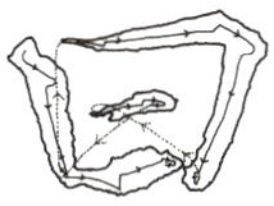

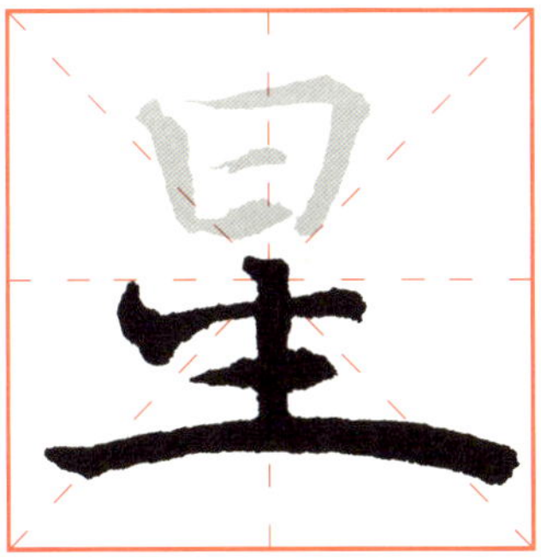

日字头：左右呼应，间隔匀称，潜虚半腹。
穴字头：上同宝盖，左右对称，势有下覆。

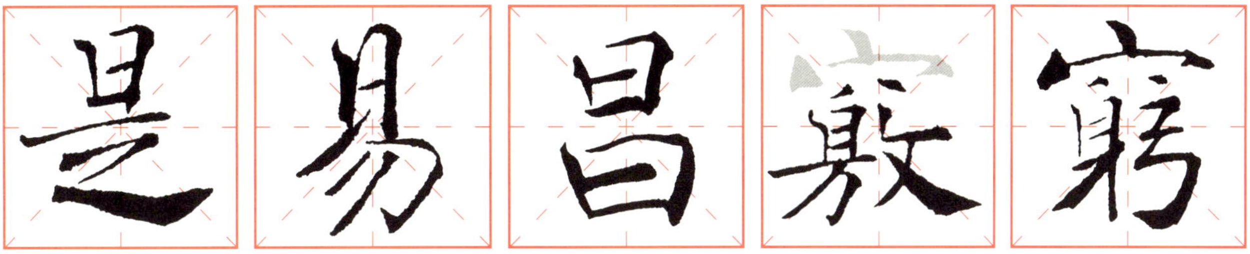

四、聿字头、春字头、尸字头与雨字头

聿字头的多横分布均衡，有粗细、弯度和长短参差变化；春字头的三横应有仰平覆，撇捺舒展，饱满有力；尸字头的“口”形较扁，竖撇长而舒展，略带弧势，整体上紧下松，给下面部件留出适当的空间；雨字头的形态稍扁，呈覆盖之势，四点有呼应。

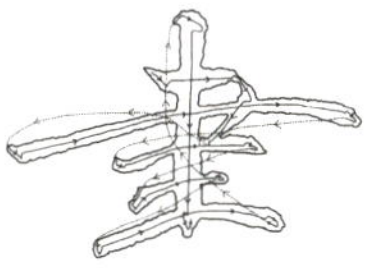

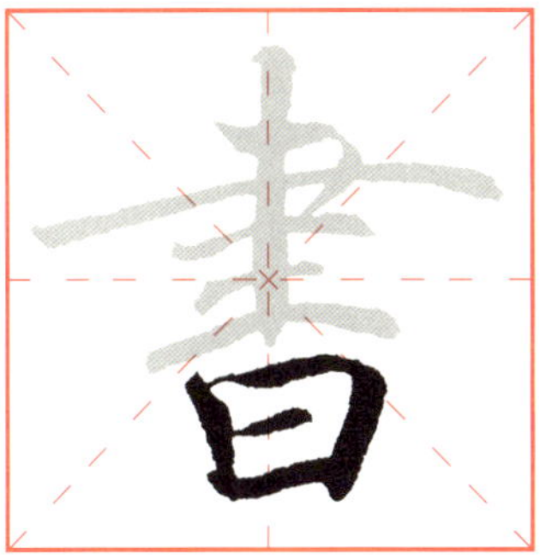

聿字头：横有变化，间隔匀称，中竖劲挺。
春字头：三横匀称，起笔变化，撇捺舒展。
尸字头：口呈变形，竖撇舒展，线条圆劲。
雨字头：形态稍扁，四点呼应，左右对称。

五、走之儿与四点底

走之儿的横折折撇微有斜势，以让右边部件，平捺饱满有力，有承载之势，整个走之儿的点画书写宜一气呵成；

四点底的四个点形态各异，相互呼应，若沿外框圈起来，整体形状就像一横。

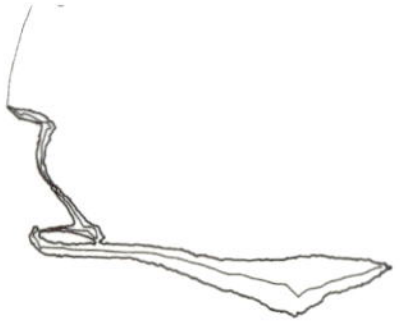

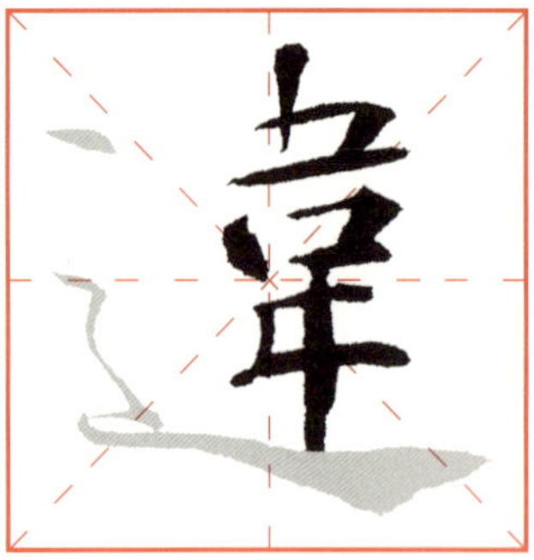

走之儿：笔势连贯，平捺饱满，一波三折。
四点底：首尾略重，形断意连，整体协调。

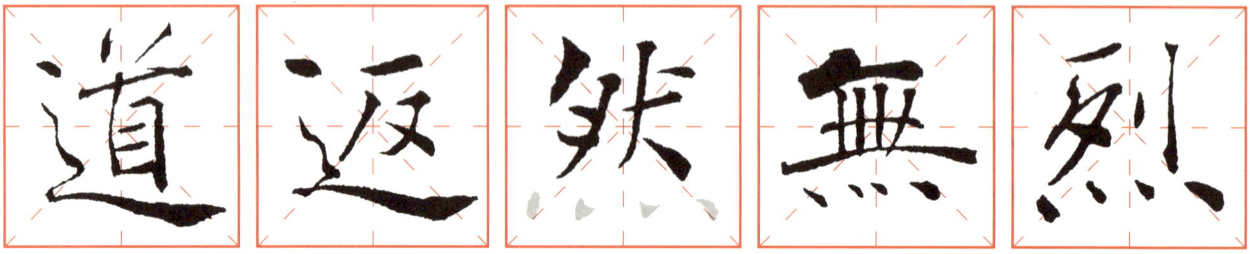

六、心字底、口字底与皿字底

心字底的点画与卧钩之间穿插有度，分布匀称，钩画弧度须要把握好；口字底整体字形呈方形或略扁方形，上口宽、下口窄；皿字底的左竖与右折宜斜收对称，中间两个竖画变化、生动、呼应，底横较长、较粗，有承载力。

心字底：弧度适中，点画映带，顾盼自然。
口字底：整体方形，上宽下窄，左右对称。
皿字底：纵画匀称，左右呼应，地载之势。

七、拓展：智者乐水　阴阳相生

临习要点

“者”字要注意重心平稳，“乐”、“水”上收下放；“阴”、“阳”两字左右部首相互穿插避让。

创作提示

“智者乐水”四字中分别有三个“口”和“日”的部件，为了避免雷同，形态需要多变；“阴阳相生”四字中，“阴阳”两字都是左耳旁，因此两个左耳旁形态略有区别，同中求异。

幅式参考

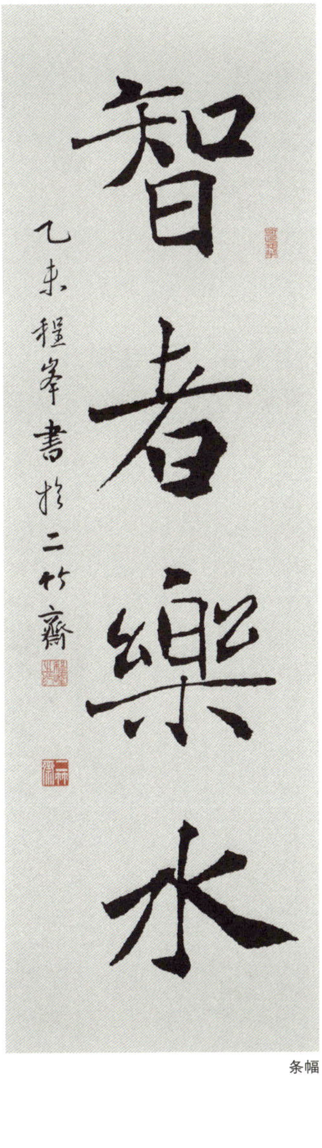

条幅

第五讲
结构——结构类型

结构类型主要是指独体字和合体字，合体字有上（中）下结构、左（中）右结构、包围结构等。

一、左（中）右结构

是由左（中）右部件组成，它们之间的长短、宽窄、高低等关系有机地组合在一起，使整体方整停匀、主次分明、疏密得当。

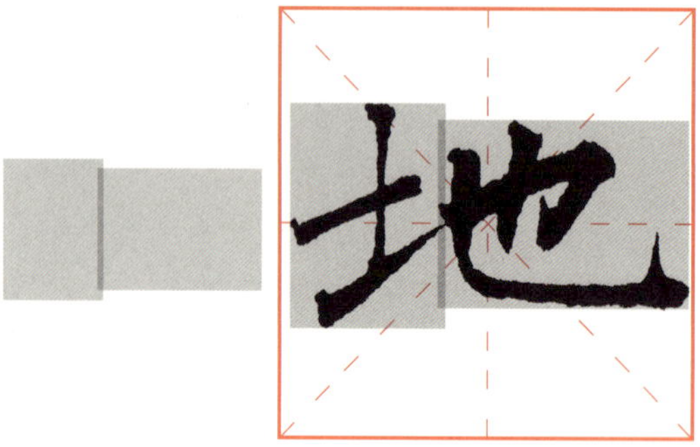

“地”：左窄右宽，左长右短。
“动”：左宽右窄，左高右低；
“以”：左右宽窄相当，左短右长；
“于”：左右宽窄高低相当；
“师”：左窄右宽，左短右长，上部平；
“术”：左中窄、右部宽，左中右相互穿插。

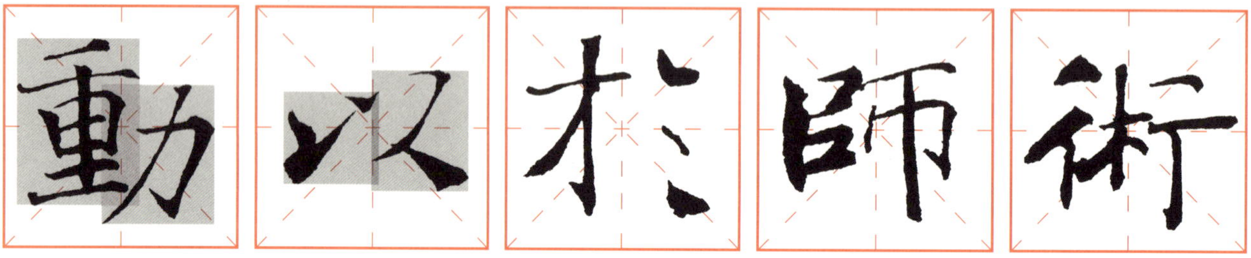

二、上（中）下结构

是由上（中）下部件组成，它们之间的大小、长短、宽窄等关系有机地组合在一起，使上下参差有度、疏密得当、浑然一体。

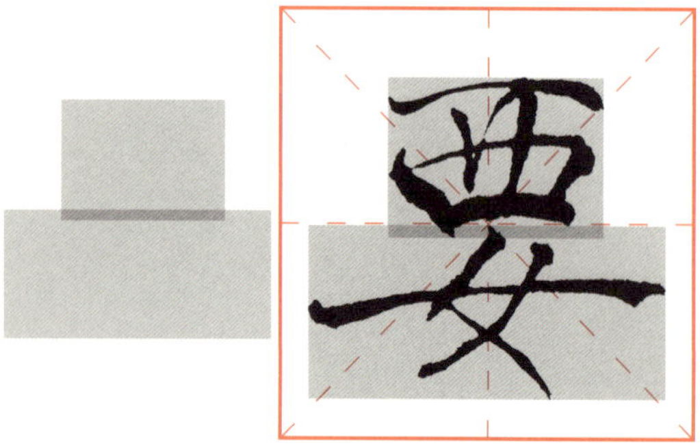

“要”：上窄下宽，上下长短相当；
“奉”：上宽下窄，上部覆盖下部；
“覆”：上窄下宽，上短下长，重心稳定；
“雷”：上宽下窄，布白均匀；
“督”：上宽下窄，上部覆盖下部，布白均匀；
“莫”：上下宽、中间窄。

三、包围结构

包围结构的字，可分为半包围、三面包围、全包围结构等，半包围者所包部分要求重心平稳，三面包围、全包围结构的字不宜写得太大，要考虑高低、宽窄、斜正关系，使内外相称，避免方正呆板。

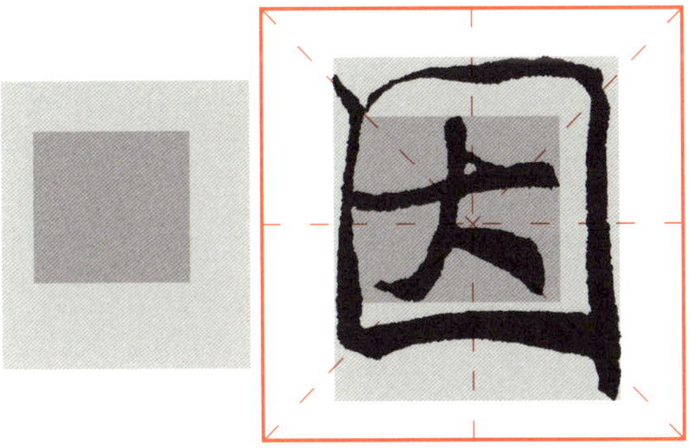

“因”：四面包围，大口框注意粗细虚实；
“历”：两面包围，左上包右下；
“用”：三面包围，上包下；
“风”：三面包围，上包下；
“起”：两面包围，左下包右上；
“气”：两面包围，右上包左下。

四、独体字

重心稳定、结构灵动、布白匀称、主笔突出等都是独体字的构形原则，同时《阴符经》所要求的点画线条圆劲饱满、变化协调等特点也能在独体字中充分反映出来。

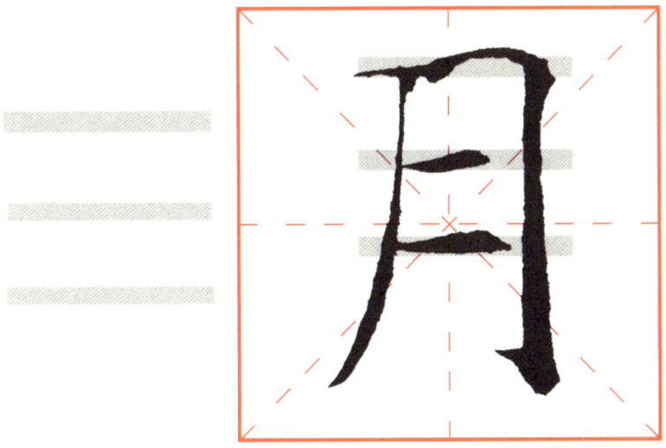

“月”：整体字形瘦长；
“不”：横上弧，竖曲头，撇和长点呼应；
“火”：两点呼应，撇捺舒展；
“木”：竖钩直，撇和点开张；
“日”：字形略瘦长，左竖粗右折细；
“必”：点画之间呼应、灵动。

五、拓展：沉心静气　万物生机

临习要点

“万”、“物”、“机”、“心”、“气”几个字都带有明显的行书笔意，故笔法灵动，笔势跳宕。

创作提示

四字作品也可以写成团扇或斗方。这两种书法款式都属于小品范畴，而且楮字放太大写并不合适，因此，作品控制在一尺内较适宜。

幅式参考

团扇

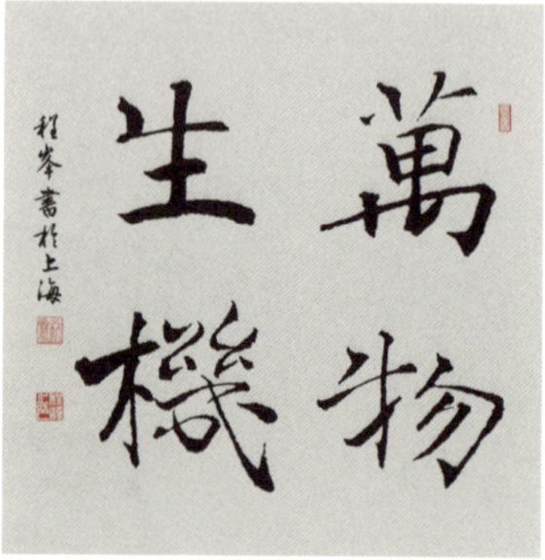

斗方

第六讲

结构——结体原则与外形多样的字

结体原则是指汉字作为书法造型艺术的一些基本构形原则，褚遂良《阴符经》的结体规律有重心稳定、分布均匀、收放有致等。

一、重心稳定

重心是指字的支撑力点，平稳是关键。褚遂良《阴符经》中的字重心平稳，而且还有重心偏下的特点，因而呈现出古雅的精神面貌。

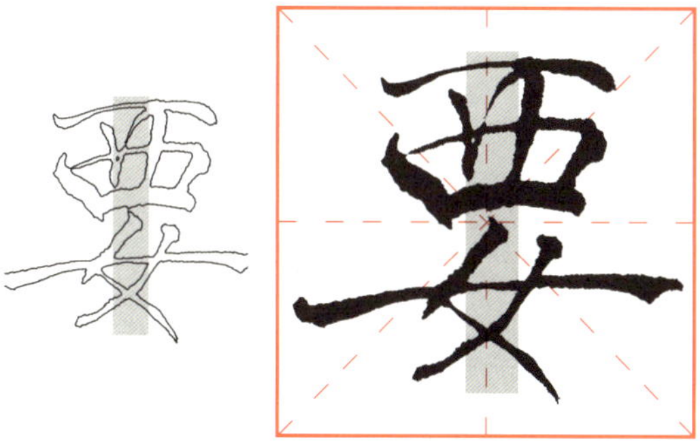

要：下面“女”字的交笔之处要对准“西”字的中心；
者：下部“日”字稍偏右，与中间一撇形成力量的平衡；
象：上下部件对准，下面弯钩要对准上面的中竖；
在：左边长撇飘逸，与右边“土”厚重构成平衡；
易：下面的横折钩的勾出部位要对准上面右边的竖画；
奇：竖钩稍偏右，与“口”字形成力的平衡。

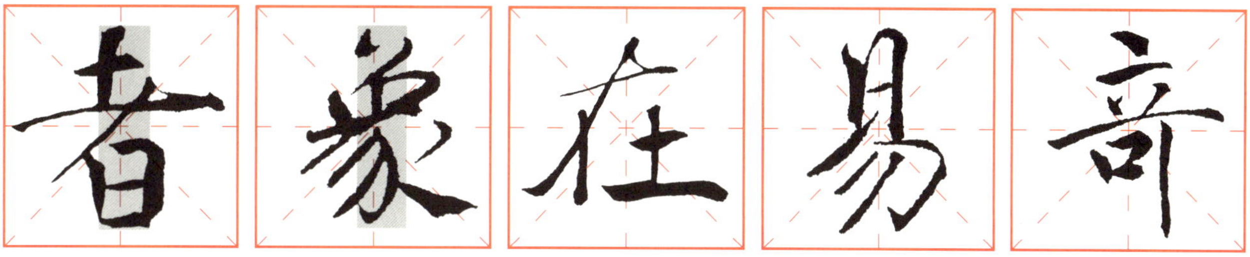

二、分布均匀

对字进行相对等比例的空间分割，以使点画和留空都间距相等，达到整体均衡的视觉效果。可以从点画的排列上找到规律，一般横、竖笔画间的有序排列比较明显，也有综合性的均衡安排。

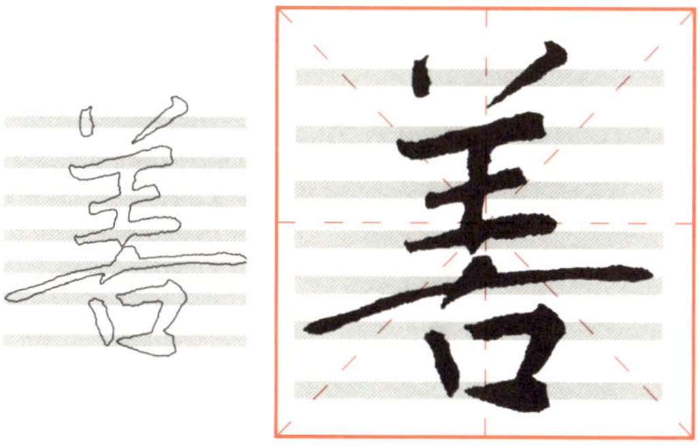

善：横向横画间的距离匀称；
而：纵向笔画间的距离匀称；
谓：横向纵向笔画间隔匀称；
得：横向横画间的距离匀称；
篇：横向纵向笔画间隔匀称；
尽：横向横画间的距离匀称。

三、收放有致

收放就是强调字内空间的变化关系，有收有放，才能增强字的结构张力和感染力，但收放要适度，否则会过犹不及。

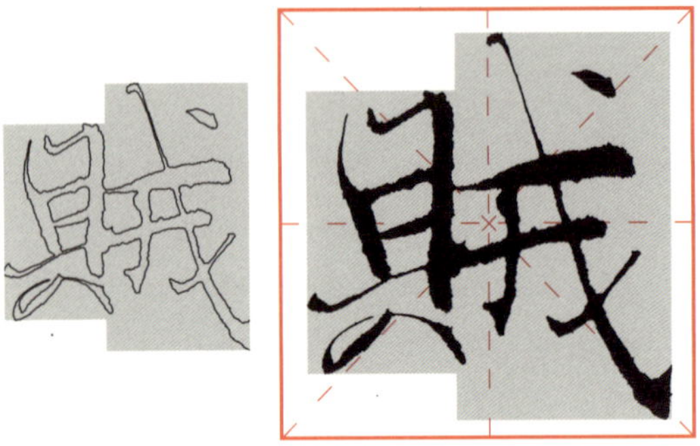

贼：左部收紧，右边戈钩尽展其势；
星：日字头不宜过大，“生”字长横舒展，上收下放；
迅：上面收住不钩出，底部平捺宜放；
无：上部收紧，主笔长横细劲舒展，收放有致；
我：左部收紧，右边戈钩尽展其势；
地：浮鹅钩舒展，呈现左收右放。

四、穿插避让

字和人一样都在追求和谐的关系，所以美的最高级别是协调和自然。穿插避让就是处理好这类关系的最佳手段。

施：“也”部穿插到“方”字下方；
静：右边的“争”字穿插到左边“青”字的空白处；
督：上部左右穿插，“目”部与上部相互穿插避让；
哲：“口”部穿插到提手旁与斤字旁的空处；
愚：“禺”部的横折钩避让，“心”部的点穿插；
观：右部“见”字中横与撇与左部互相穿插避让。

五、重复变化

同一个字中两个或两个以上笔画或部件相同，可进行大小、轻重、主次等方面的变化，以避免形态结构雷同和呆板。

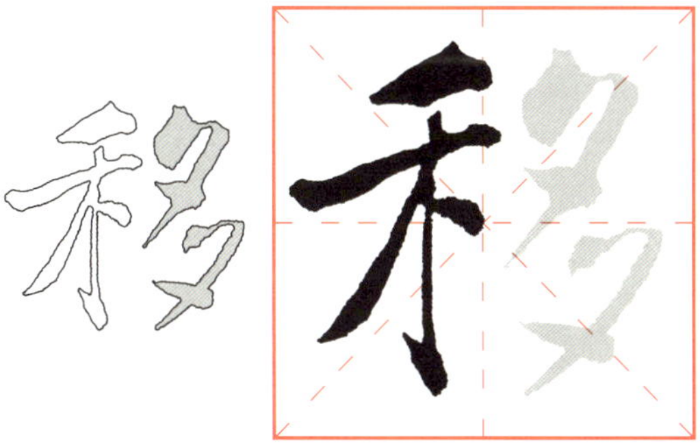

移：两个“夕”部有轻重变化；
机：两个“幺”部呈逐渐递升的形势；
蠢：两个“虫”部左轻右重；
器：四个“口”部连续有变化；
昌：上“日”部折笔方挺，下“日”部折笔圆转；
奸：三个“女”部，变化、穿插、避让、呼应。

六、部件随形（一）

褚遂良《阴符经》中，相同部件在字的不同位置出现时，随着字势的需要赋形，以求整个字更为自然、灵动、和谐。

贝部	矢部	王部	又部
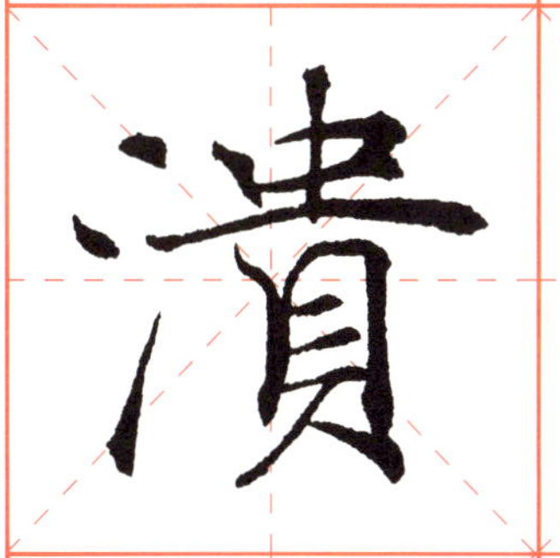	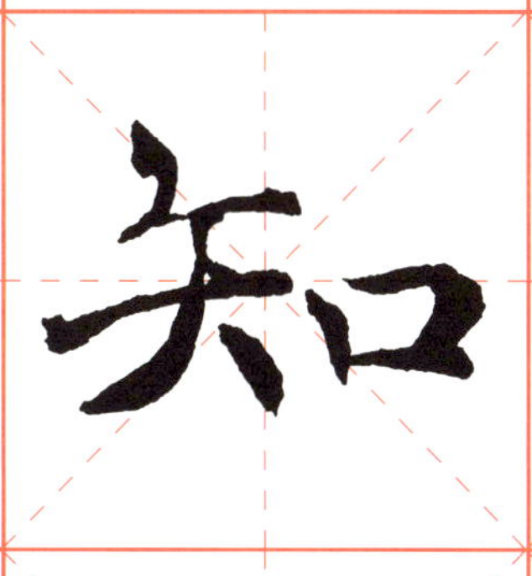		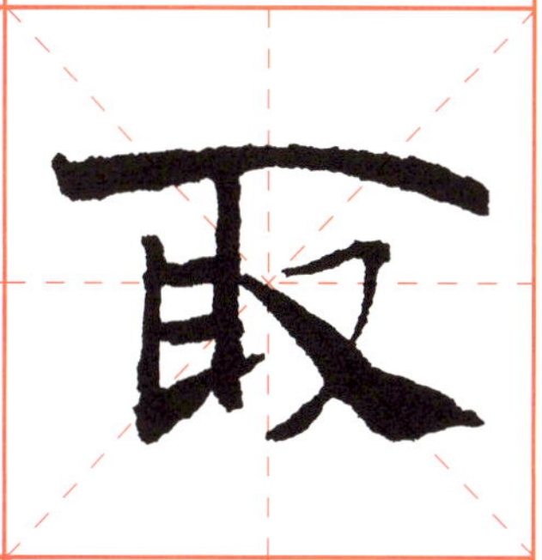

耳部 聽取聵

口部 括可君

女部 姦要安

土部 陸至基

月部 龍勝有

七、同字异形

两个相同的字在笔画粗细或结构形式上有所变化，使重复字避免雷同单调之感。同字异写不能随便而为，应取古代已确立的写法，做到“无一字无来历”。

万	既	发
萬	既	發
萬	既	發
象	虞	胜
象	虞	勝
象	虞	勝

八、拓展：乐天安命　明心见性

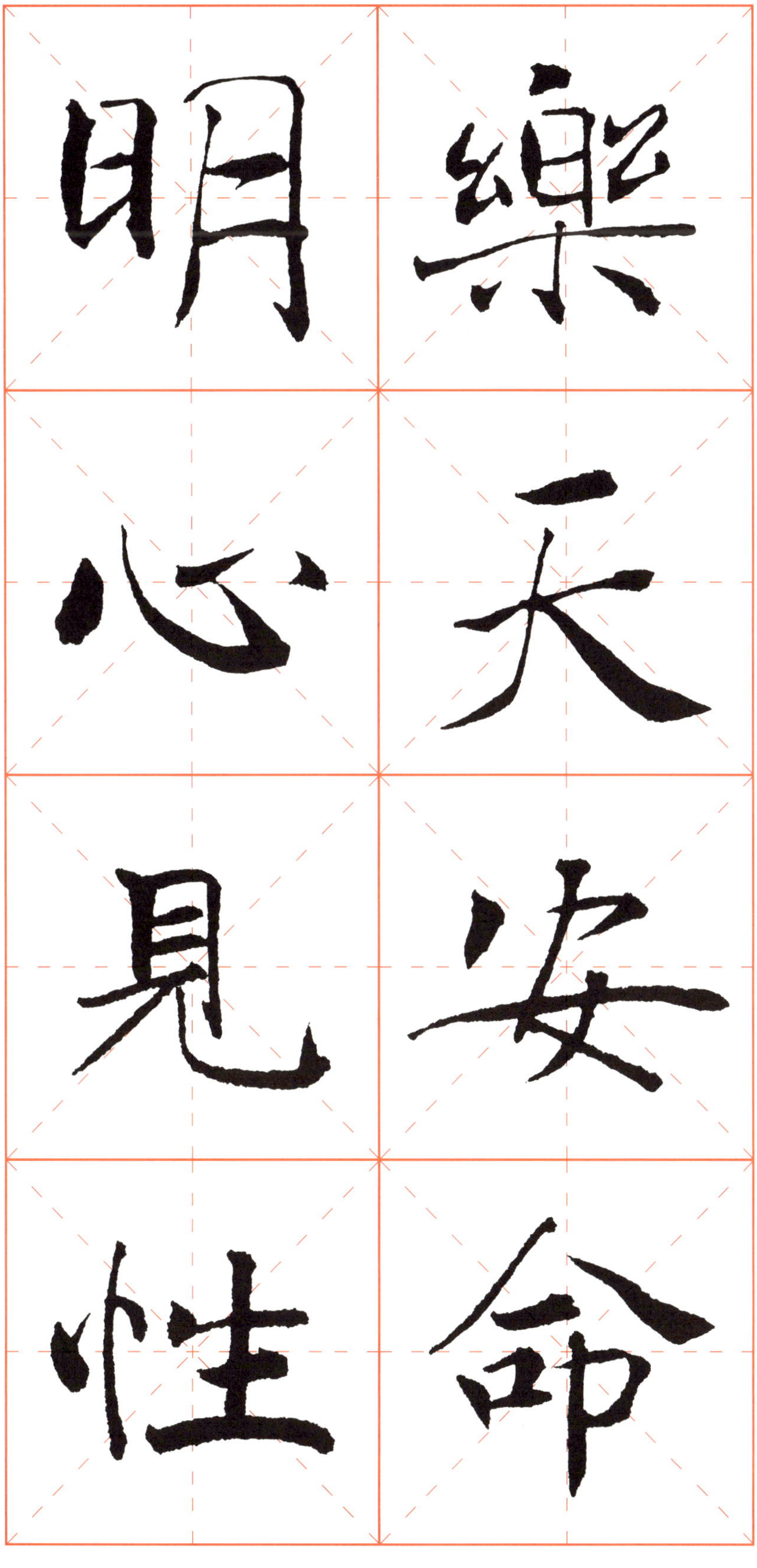

临习要点

“乐”字的上部分要写得匀称、紧凑，“安”字横画舒展，重心偏低；“见”字的横向上收下放，竖弯钩遒劲有力。

创作提示

条幅“明心见性”四字，笔画都较少，写到整张作品中，分量会觉得有点轻，因此有些笔画可适当加粗，但又要保留粗细的对比，然后补上落款和印章，使整幅作品更完整美观。

幅式参考：

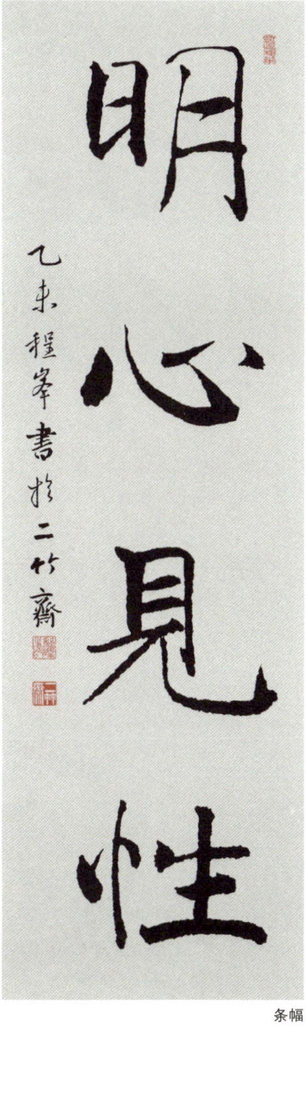

条幅

第七讲
集字创作

集字创作，是从原字帖中挑出一些单字，组成新的有意义的文词作为素材进行创作。要注意调整好字与字之间的笔势呼应、相互配合，使整体协调。

一、条幅与中堂

条幅与中堂

尺幅： 条幅的宽和高的比例通常为 1 ∶ 3 或 1 ∶ 4；中堂的宽和高的比例通常为 1 ∶ 2。

特点： 少字数的欧体条幅作品，需写出一定的气势，笔画可写得稍粗一些。“崇德”二字，力求表现出布白匀称、气势端庄的特点；“栉风沐雨”四字作品，力求做到收放有致，秀美中蕴含雄健。

款印： 落款稍靠紧正文，并处于正文的中间偏上一点，起首的字可在正文的两个字的中间，也可在某一个字的中间位置，这样才能使作品的整体有错落有致的效果。

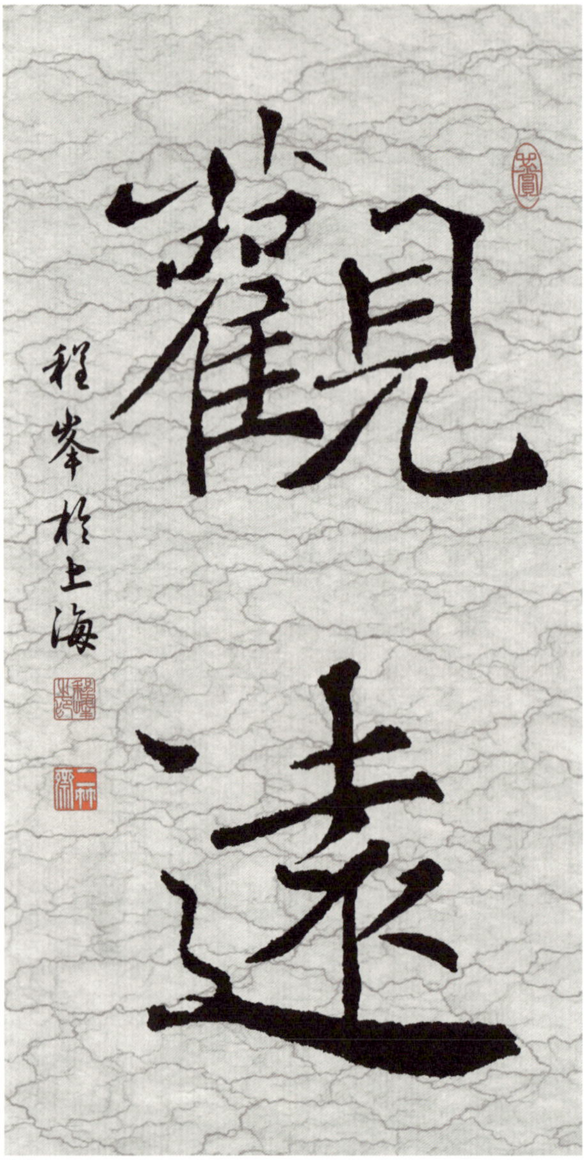

中堂

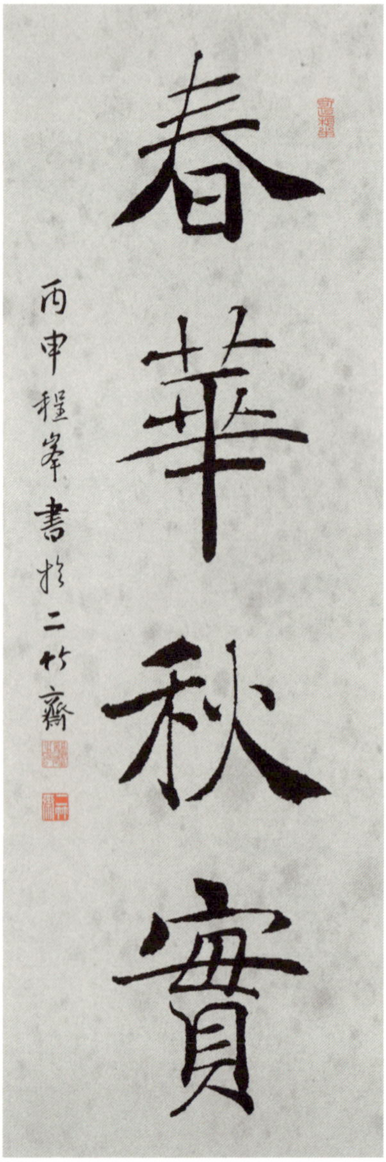

条幅

二、横幅

尺幅：把中堂或条幅的宣纸横放即可。

特点：这幅作品的四个字以端庄为主，静中有动，稳中求胜，给人以一种平和简静的感觉。

款印：落款宜用穷款，作品的右上方可打一枚引首章，落款之后须打一枚姓名章或加一枚闲章。印章在书法作品中主要起点缀作用，所以一幅作品的印章也不能过多，一般是一至三方为宜。

横幅

三、斗方

尺幅：宽和高的比例为 1 ：1，可以是四尺宣纸横对开、三尺宣纸横对开、四尺宣纸八开。常见尺寸有 69×69cm、50×50cm、35×35cm 等。

特点：斗方这一形制比较难处理，它容易整齐严肃有余，而生动活泼不足，用唐楷来书写更是如此。下面作品的字大小、长短、繁简等的变化较大，若处理得当，能使整幅作品静中见动、生趣盎然。

款印：右边作品的落款不宜太短，才能使整幅作品显得更为稳健。

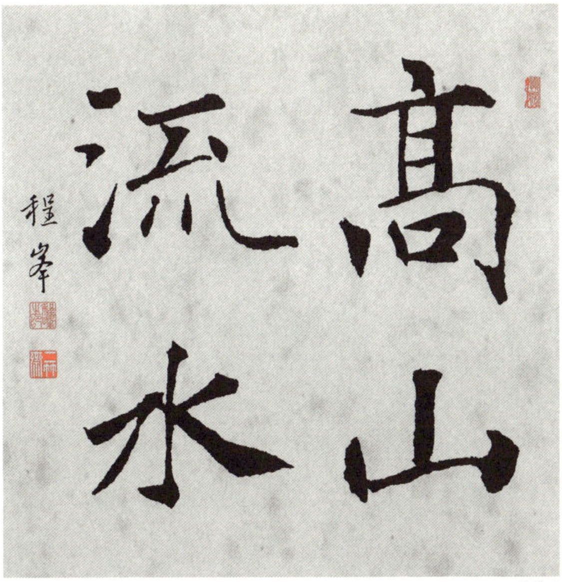

斗方 1

斗方 2

四、团扇

尺幅： 扇面有团扇、折扇之分。团扇作品，可将宣纸剪成圆形或将正方形剪成四角对称圆角即可。

特点： 团扇的形状是圆形的，书写的时候可以“因形制宜”，也可以“外圆内方”，团扇楷书，需设计好每行字数及落款位置。

款印： 落款可用错落有致的双款，以稳定作品的重心，增加作品的变化。

团扇 1

团扇 2

五、折扇

尺幅： 扇面有团扇、折扇之分。这是一幅折扇。

特点： 折扇的书写需随字赋形。若写少字数作品，可充分利用扇面上端的宽度，下端不用，由右向左，横排书写二至四字。若书写字数较多的作品，可以采用一行字多、一行字少的方法，形成长短错落有致的画面。

款印： 落款须与正文配合好，使得整幅作品协调而富有变化。

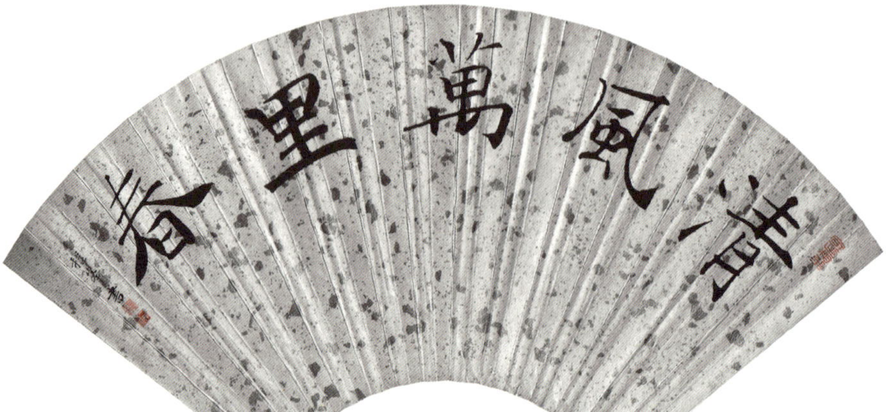

折扇

六、对联

尺幅： 三尺或四尺宣纸直对开，或现成的瓦当对联宣纸。

特点： 因为上下联分别写在大小相同的两张纸上，又组成一个整体，因此书写时要上下联头尾对齐，字要写在纸的中心线上。一般情况下，字的上下、左右要对齐，可以通过加强字本身的大小、粗细变化来制造效果。

款印： 如落单款，可写在下联的左边，位置可上可下，视效果而定。如落上下款，则上款写在上联的右上方，下款写在下联的左方，要低于上款。

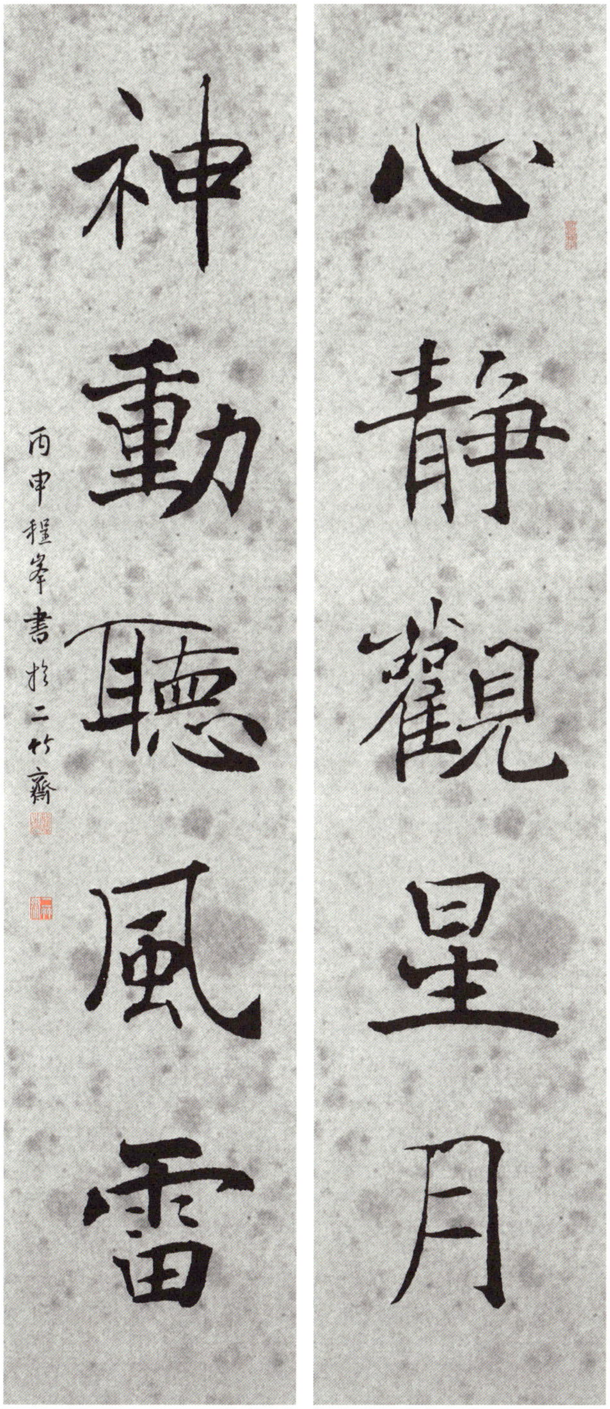

五言对联

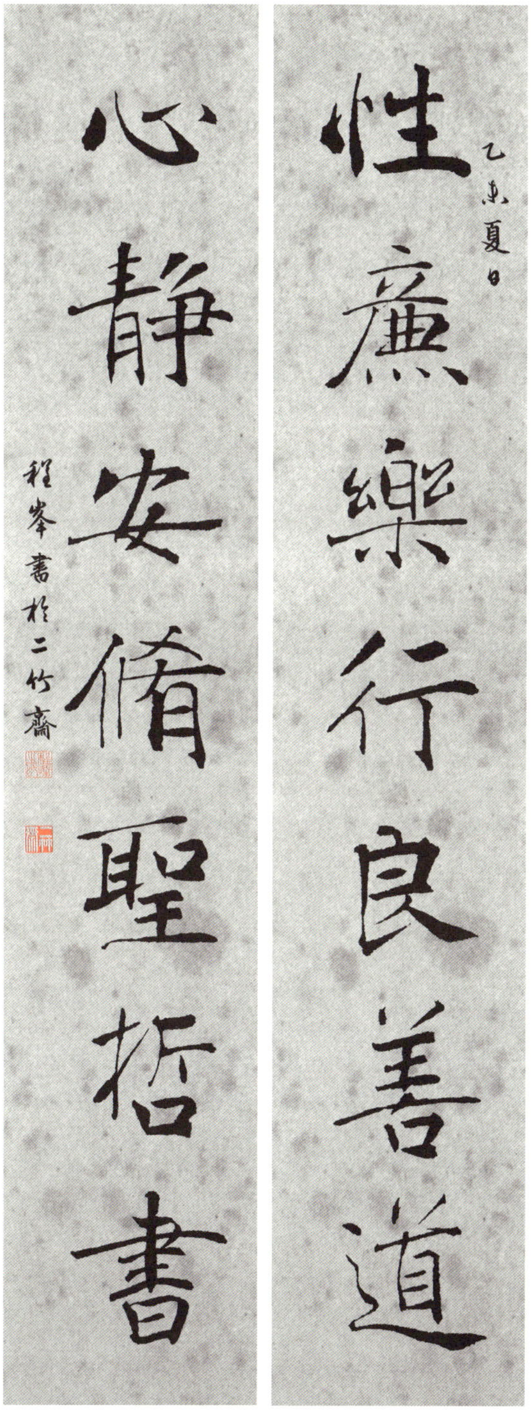

七言对联

七、集字创作参考

折扇

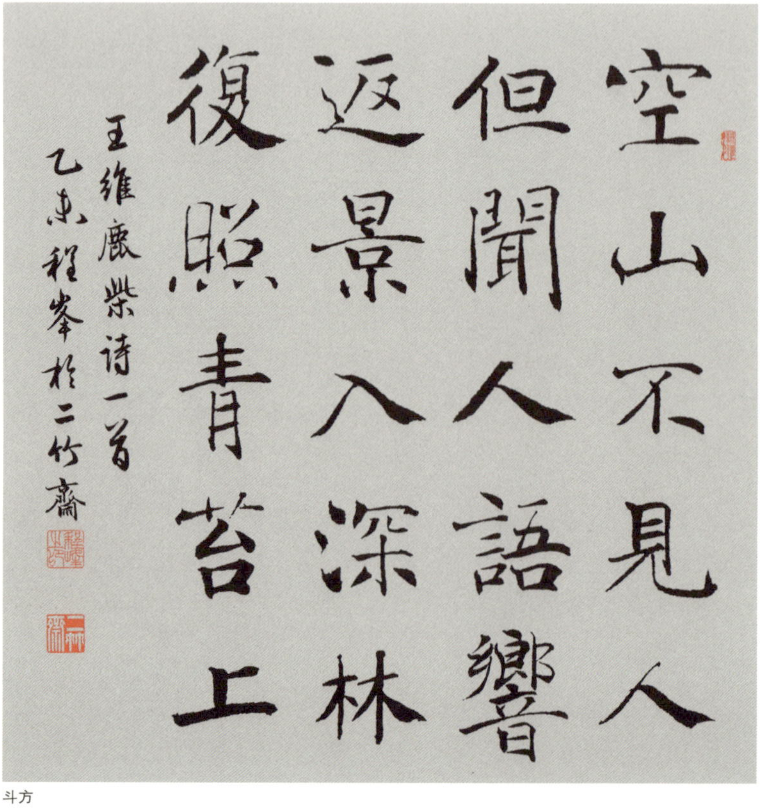

斗方

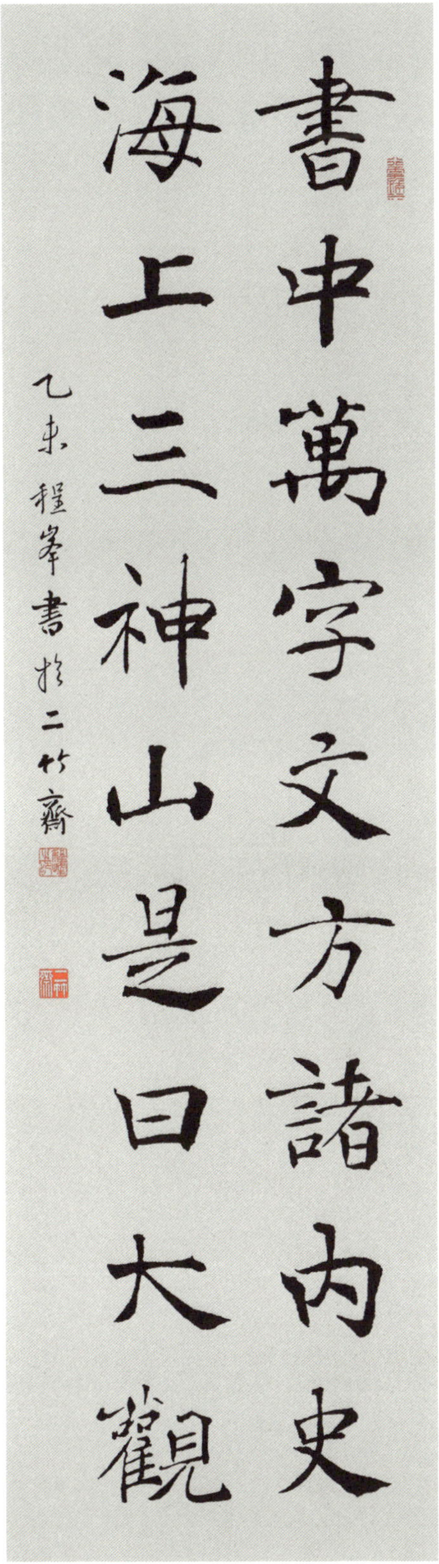
書中萬字文方諸内史
海上三神山是日大觀
乙未程峯書於二竹齋

条幅

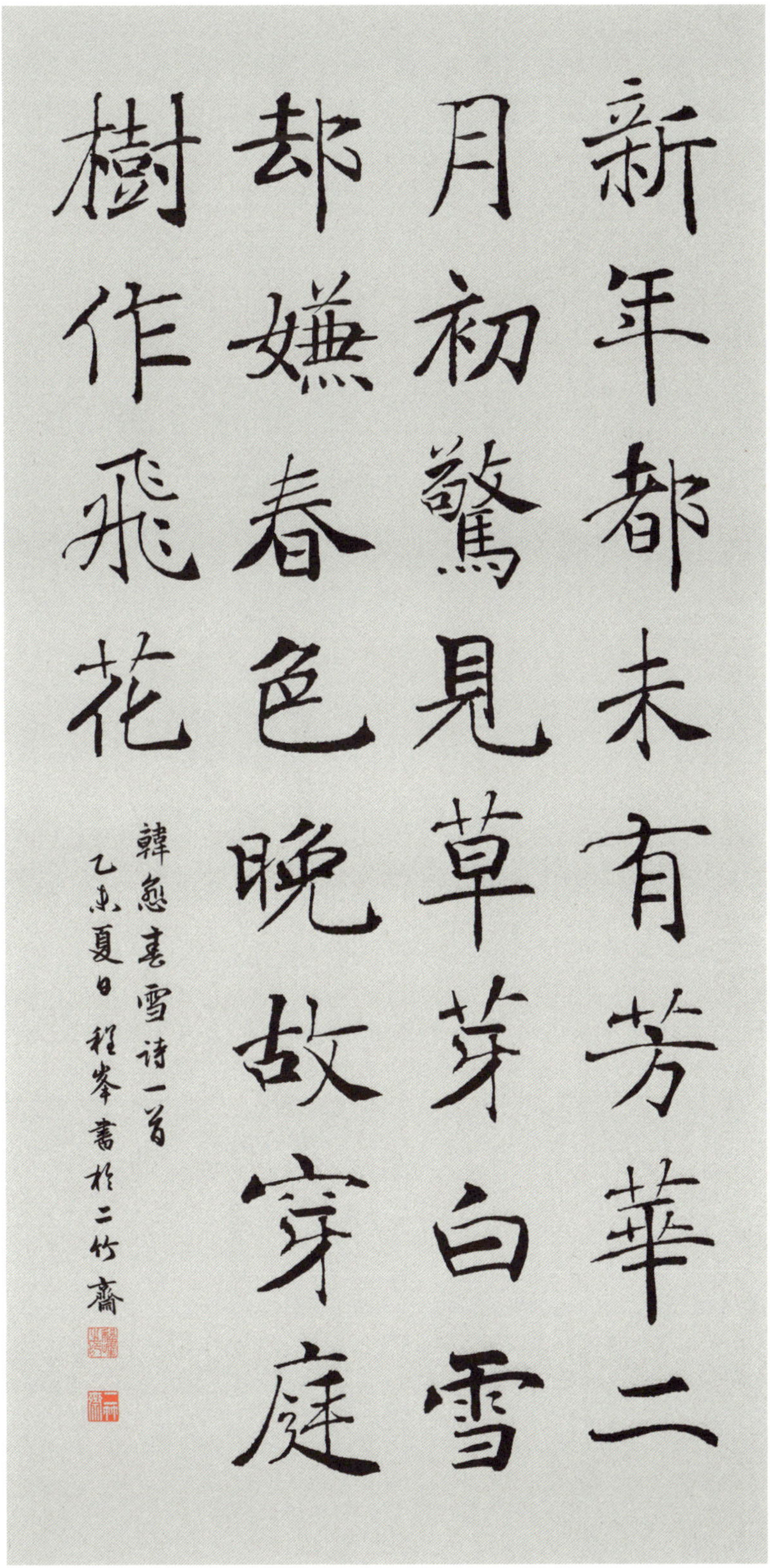
新年都未有芳華二
月初驚見草芽白雪
卻嫌春色晚故穿庭
樹作飛花
韓愈春雪詩一首
乙未夏日程峯書於二竹齋

中堂

褚遂良大字阴符经

上海书画出版社

《全本对照——经典碑帖临写辅导》丛书 编委会

主编
王立翔

编委（按姓氏笔画排序）
李剑锋 吴志国
张 青 张恒烟
沈 浩 沈 菊
程 峰

《褚遂良大字阴符经》简介

褚遂良（五九六—六五八），字登善，唐钱塘（今浙江杭州）人，博涉文史，精鉴赏，尤工楷法。史载贞观初，太宗出内府金帛，征求二王遗墨，世人进献甚多，但其中真伪杂陈，褚为之鉴定，备论所出，一无舛误。至贞观中官至谏议大夫，累迁黄门侍郎之职。及太宗崩，高宗即位，褚又迁尚书右仆射，封河南郡公，故世又称『褚河南』。褚遂良书早年学虞世南，后则归于王羲之，楷书自成家法，点画遒劲瘦铄，结字清远萧散，微杂隶意，古雅绝俗。与欧阳询、虞世南、薛稷齐名，为初唐四大家。

《大字阴符经》简称《阴符经》，纸本。楷书。九十六行，四百六十一字。书法劲峭，结体大方，传为褚遂良书。元扬无咎谓：『草书之法，千变万化，妙理无穷，今于褚中令楷书见之。或评之云，笔力雄赡，气势古淡。皆言中其一。』该帖钤有『建业文房之印』、『河东南路转运使印』等鉴藏印。

此帖书法为楷书学习之最佳范本之一。

阴符经 上篇 观天之道执

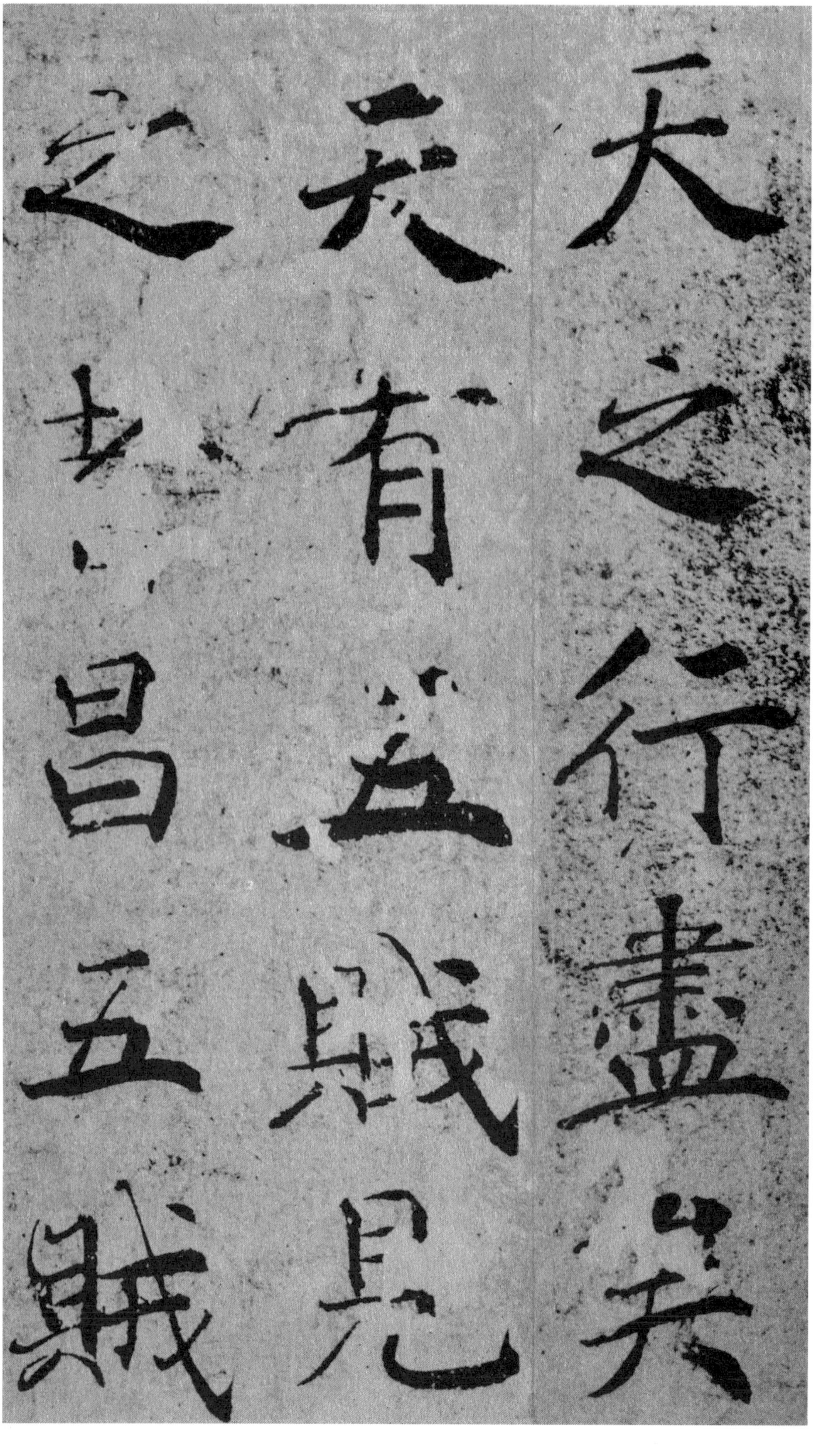

天之行尽矣　天有五贼见　之者昌五贼

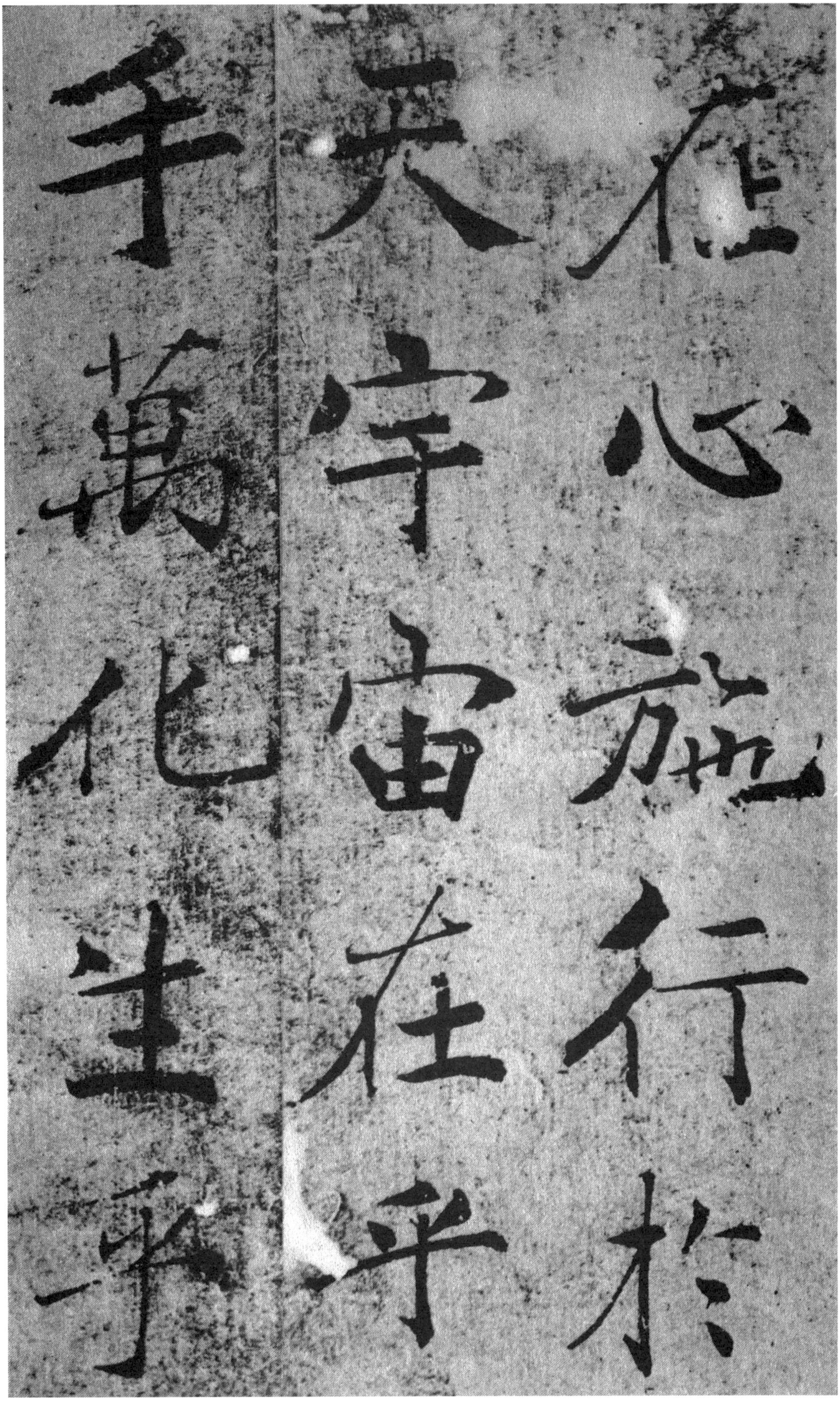

在心施行于　天宇宙在乎　手万化生乎

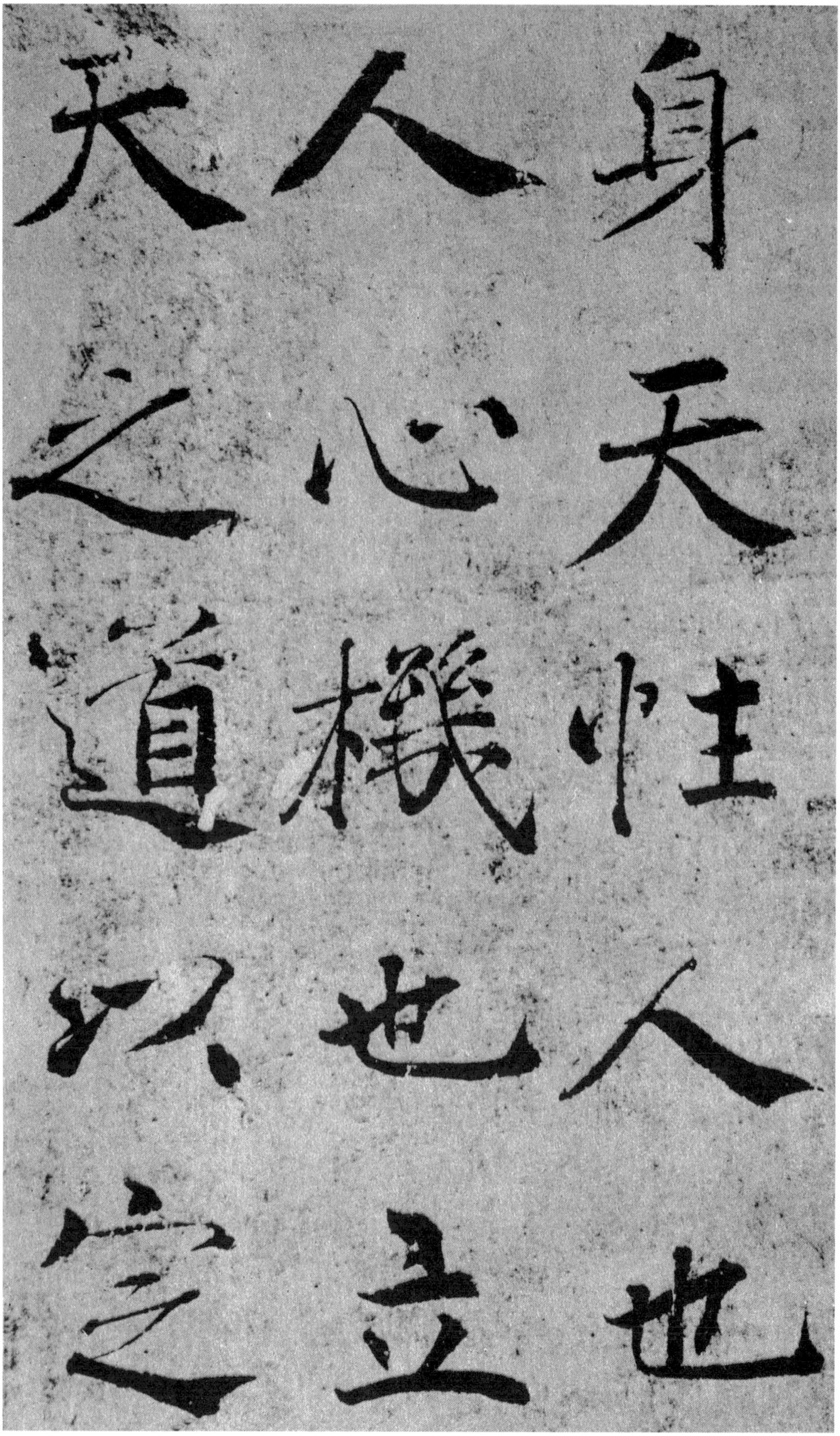

身天性人也　人心机也立　天之道以定

人也天发杀　机移星易宿　地发杀机龙

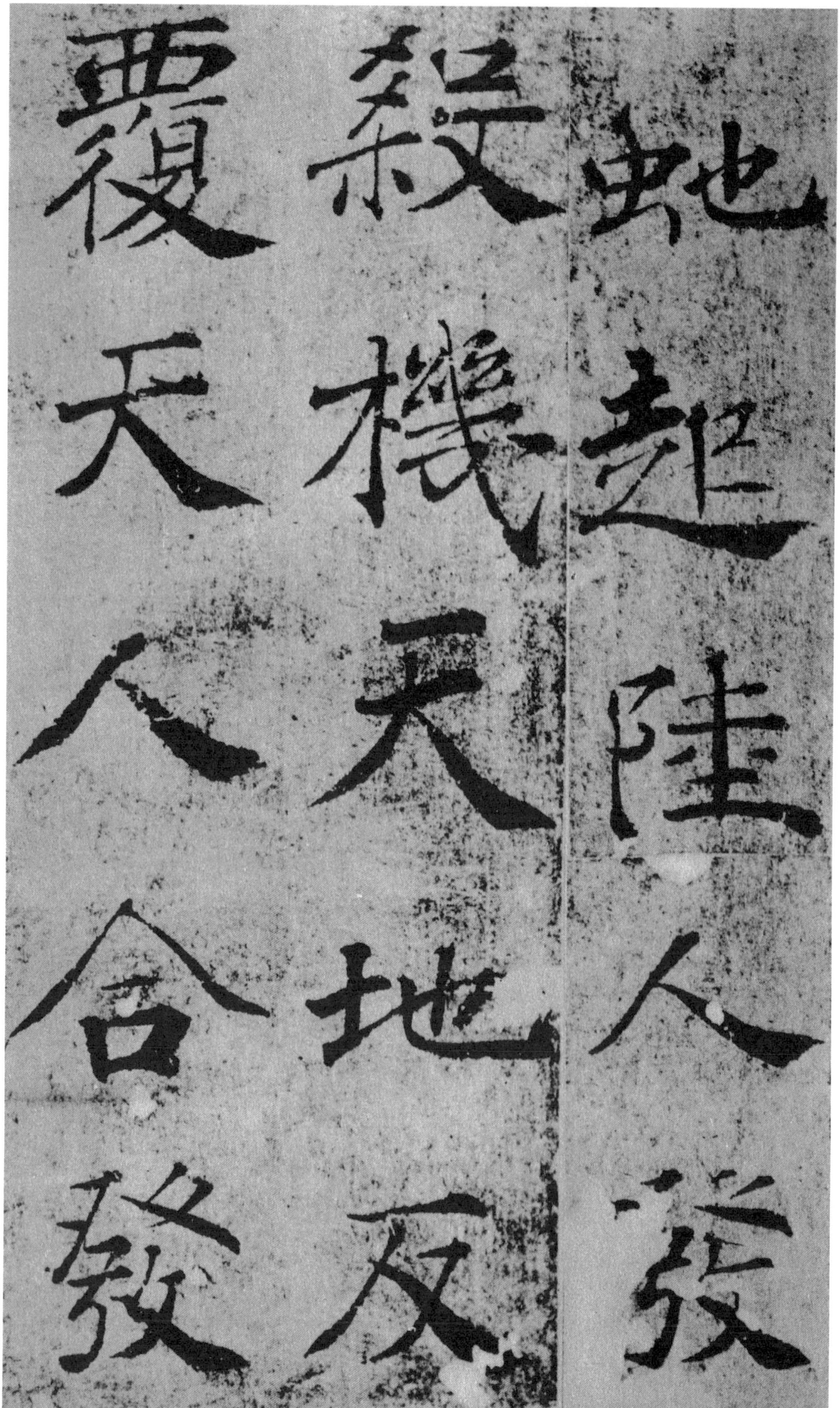

蛇起陆人发　杀机天地反　覆天人合发

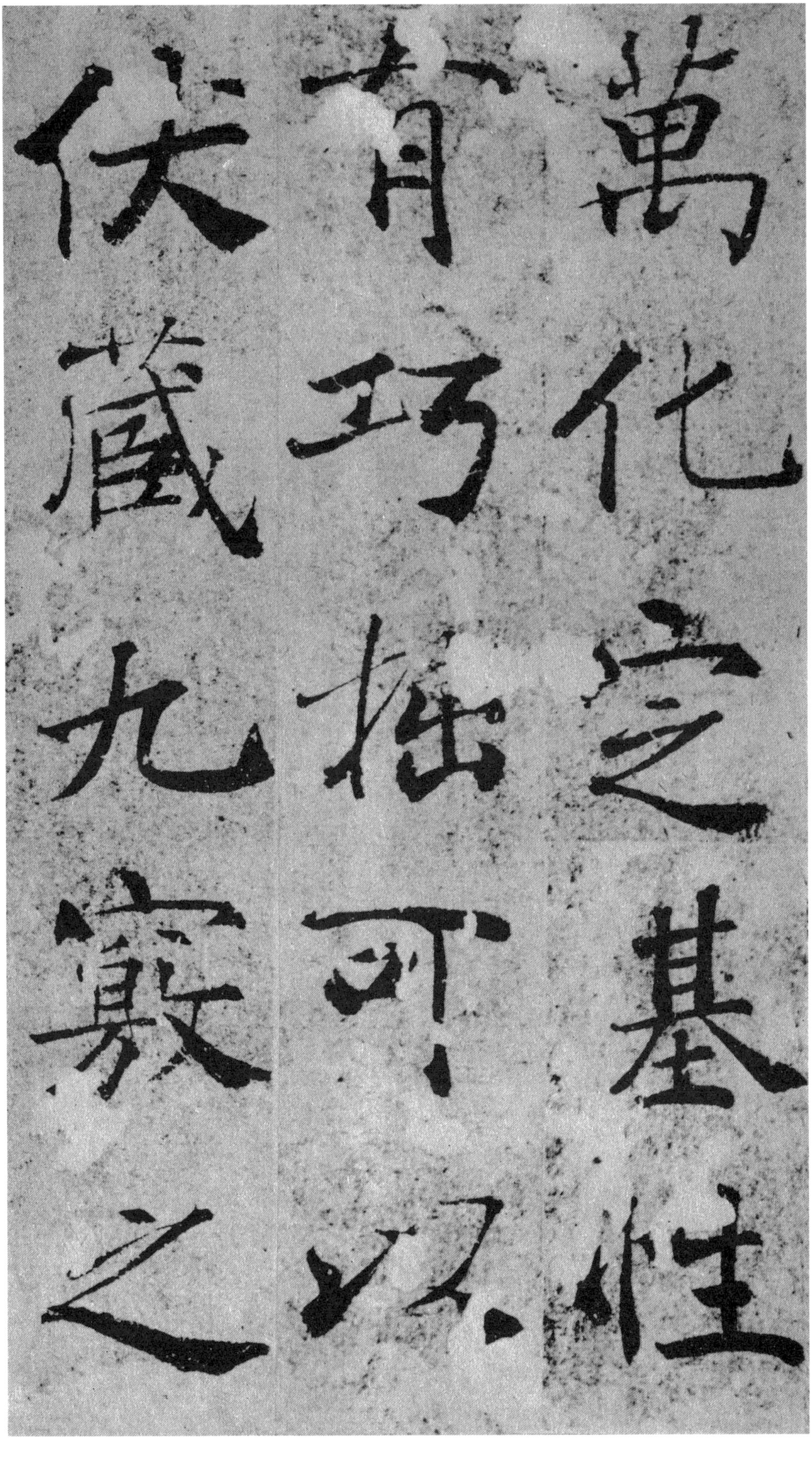

万化定基性　有巧拙可以　伏藏九窍之

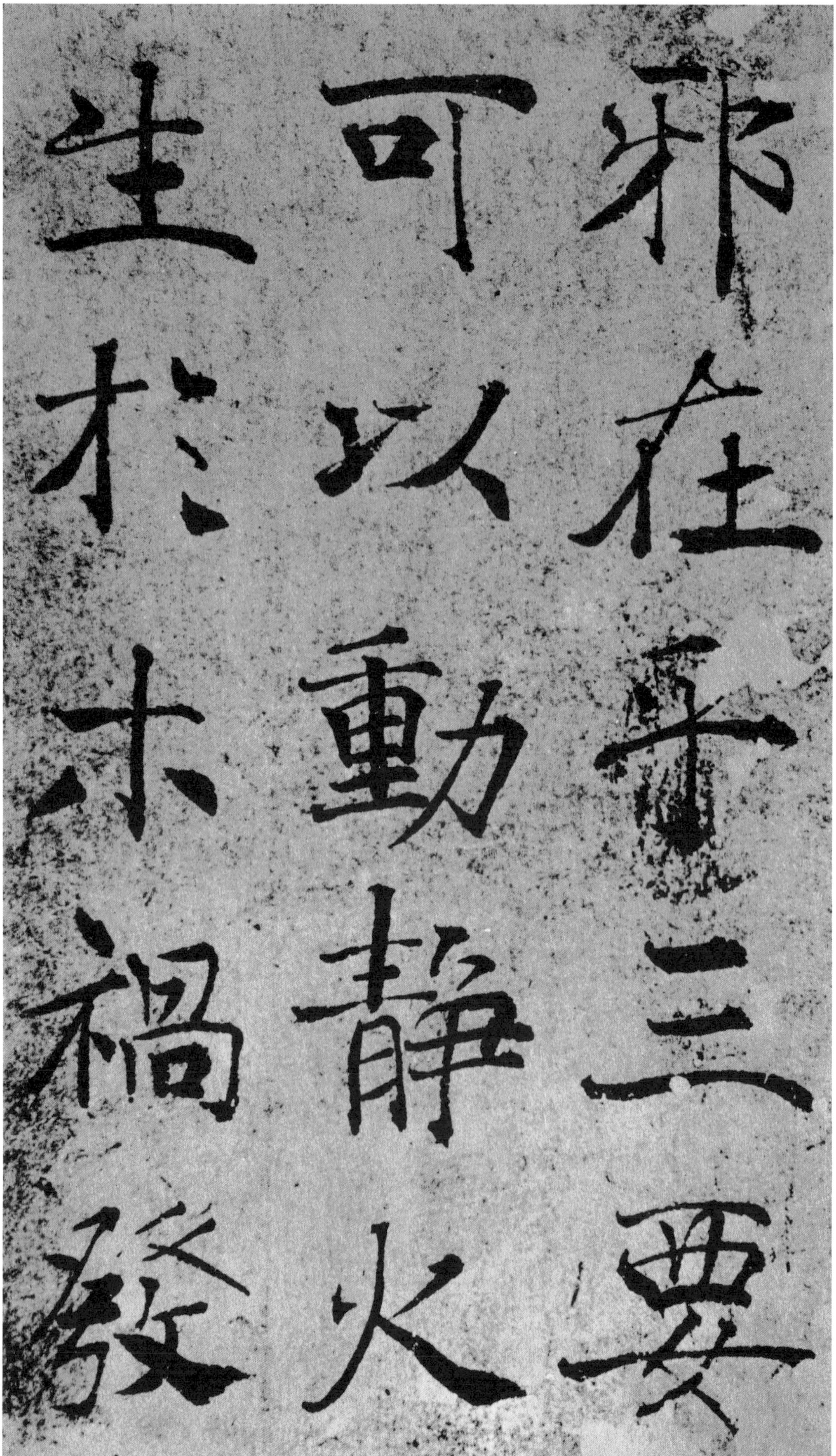

邪在乎三要　可以动静火　生于木祸发

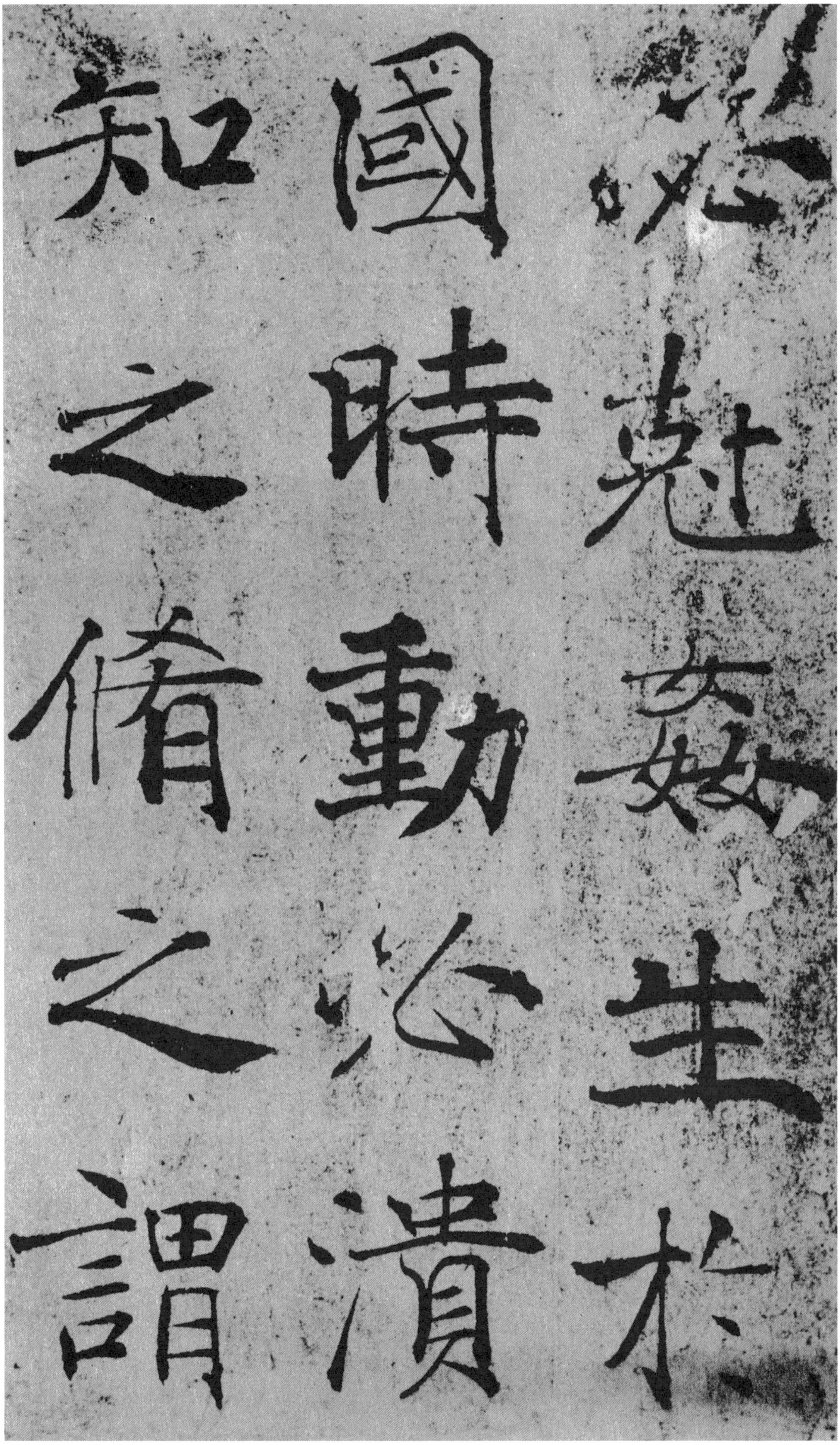

必克奸生于　国时动必溃　知之修之谓

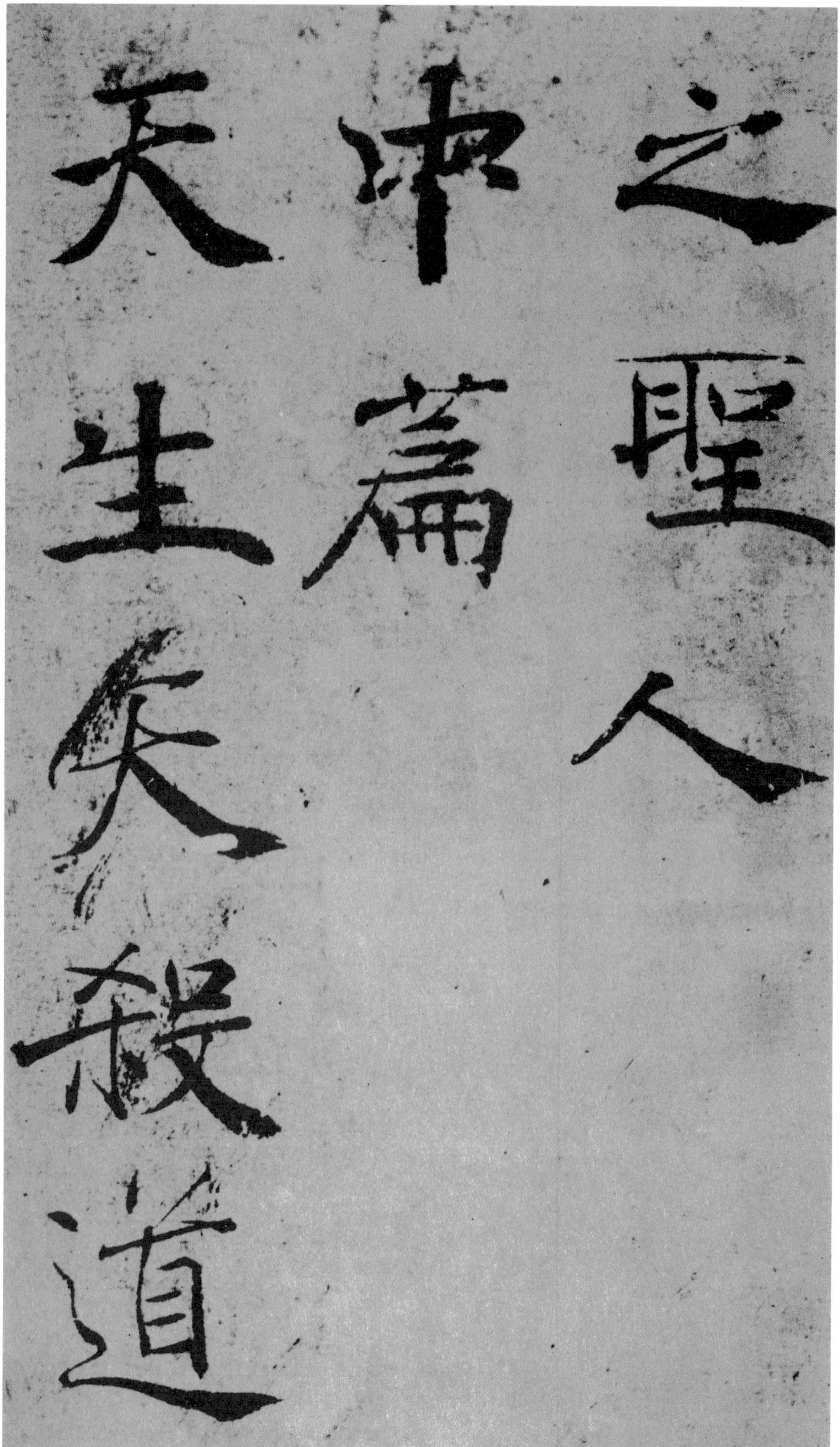

之圣人　中篇　天生天杀道

之理也天地萬物之盜萬物人之盜人

之理也天地　万物之盗万　物人之盗人

萬物之盜三
盜既宜三才
既安故曰食

万物之盗三　盗既宜三才　既安故曰食

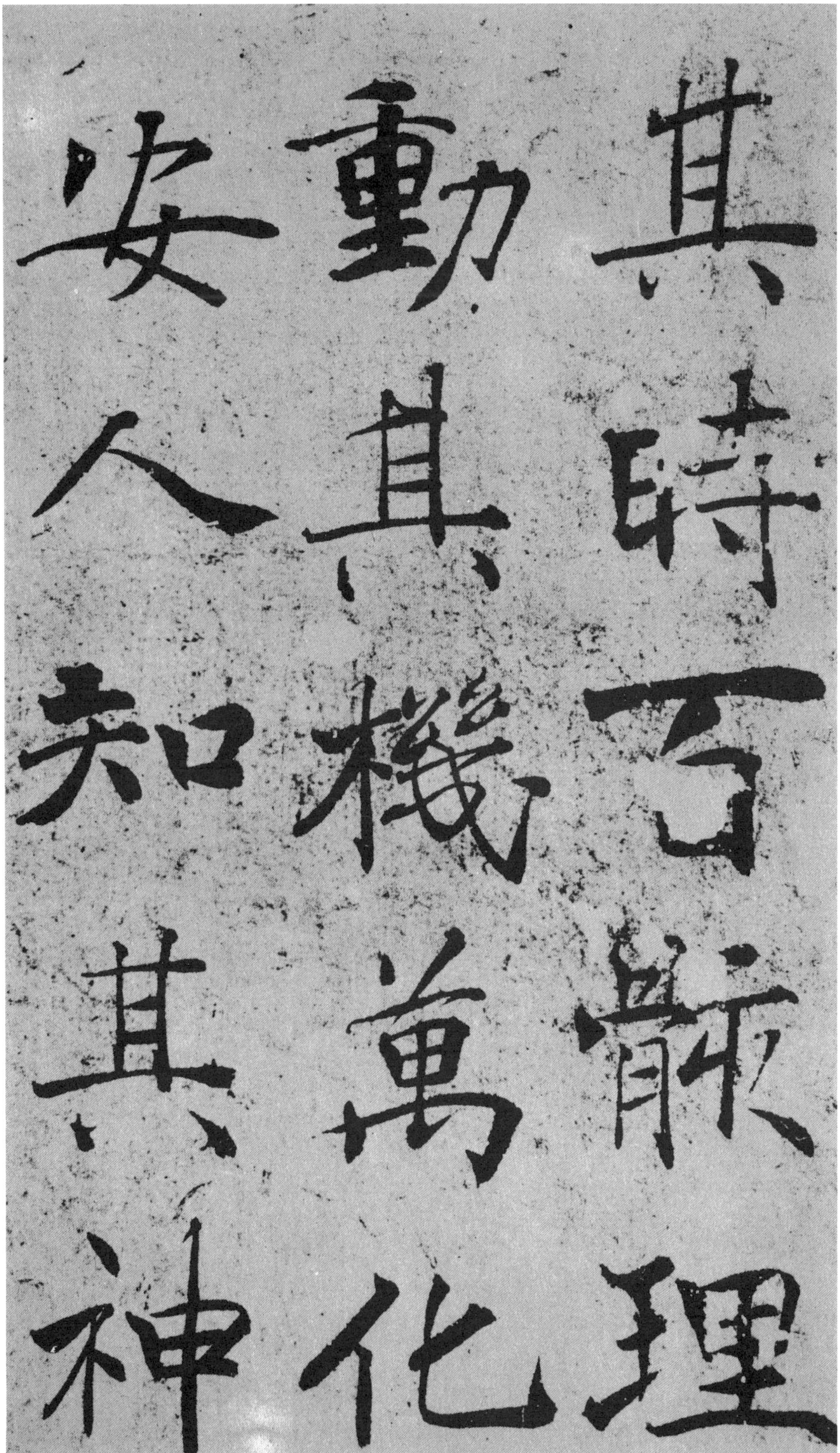

其时百骸理　动其机万化　安人知其神

之神不知其　不神所以神　也日月有数

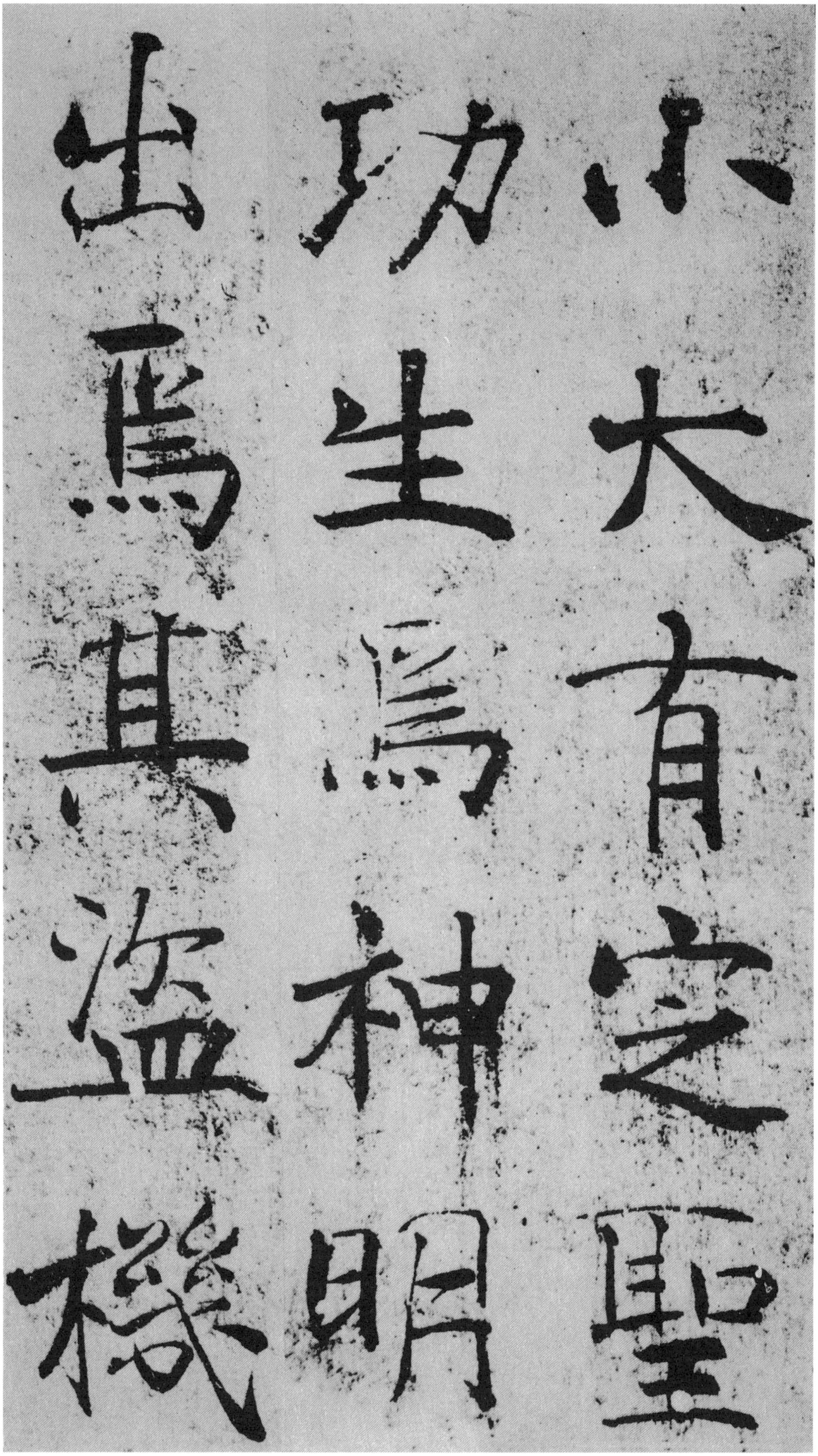

小大有定圣　功生焉神明　出焉其盗机

也天下莫能　见莫能知君　子得之固穷

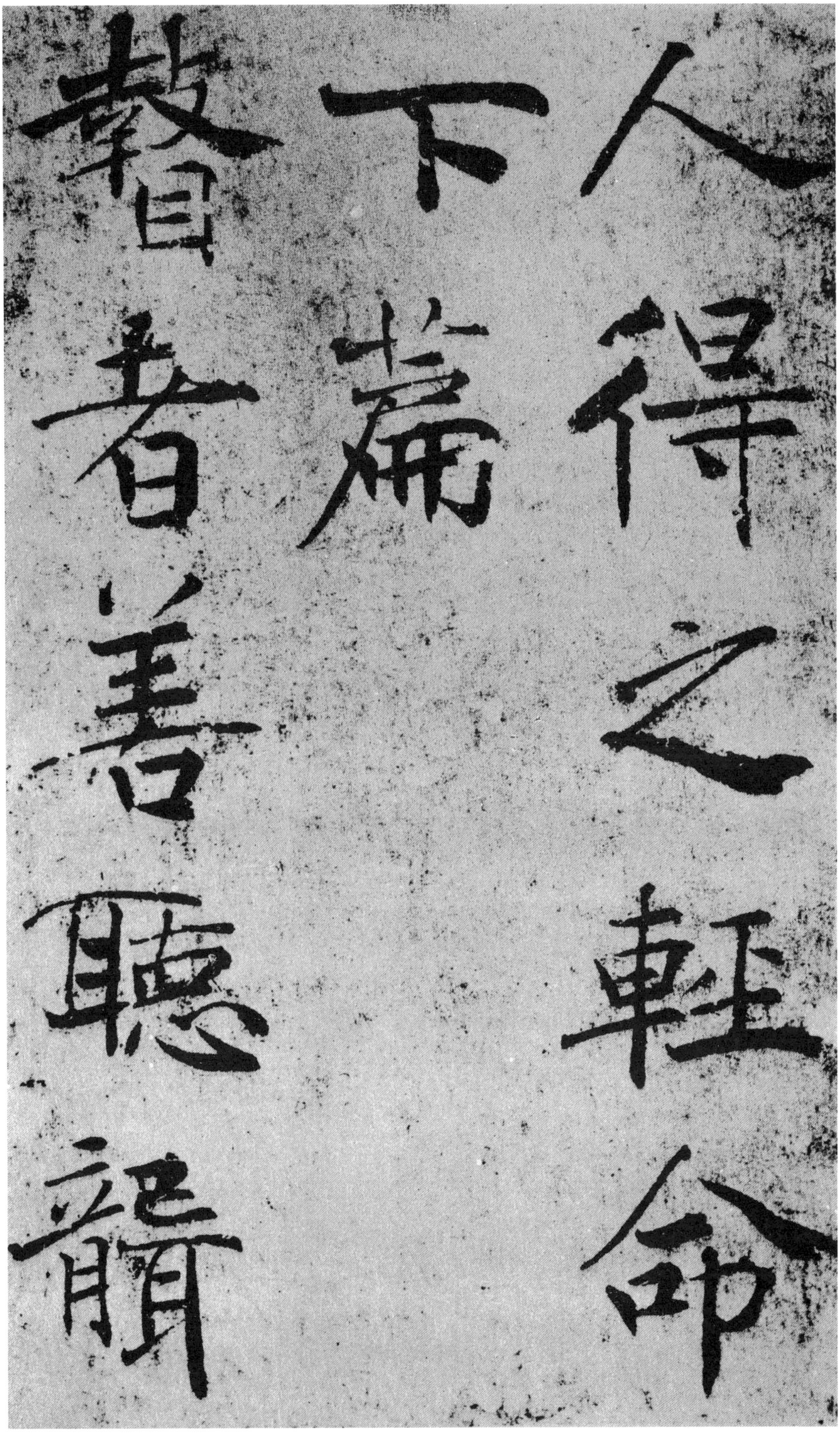

人得之轻命　下篇　瞽者善听聋

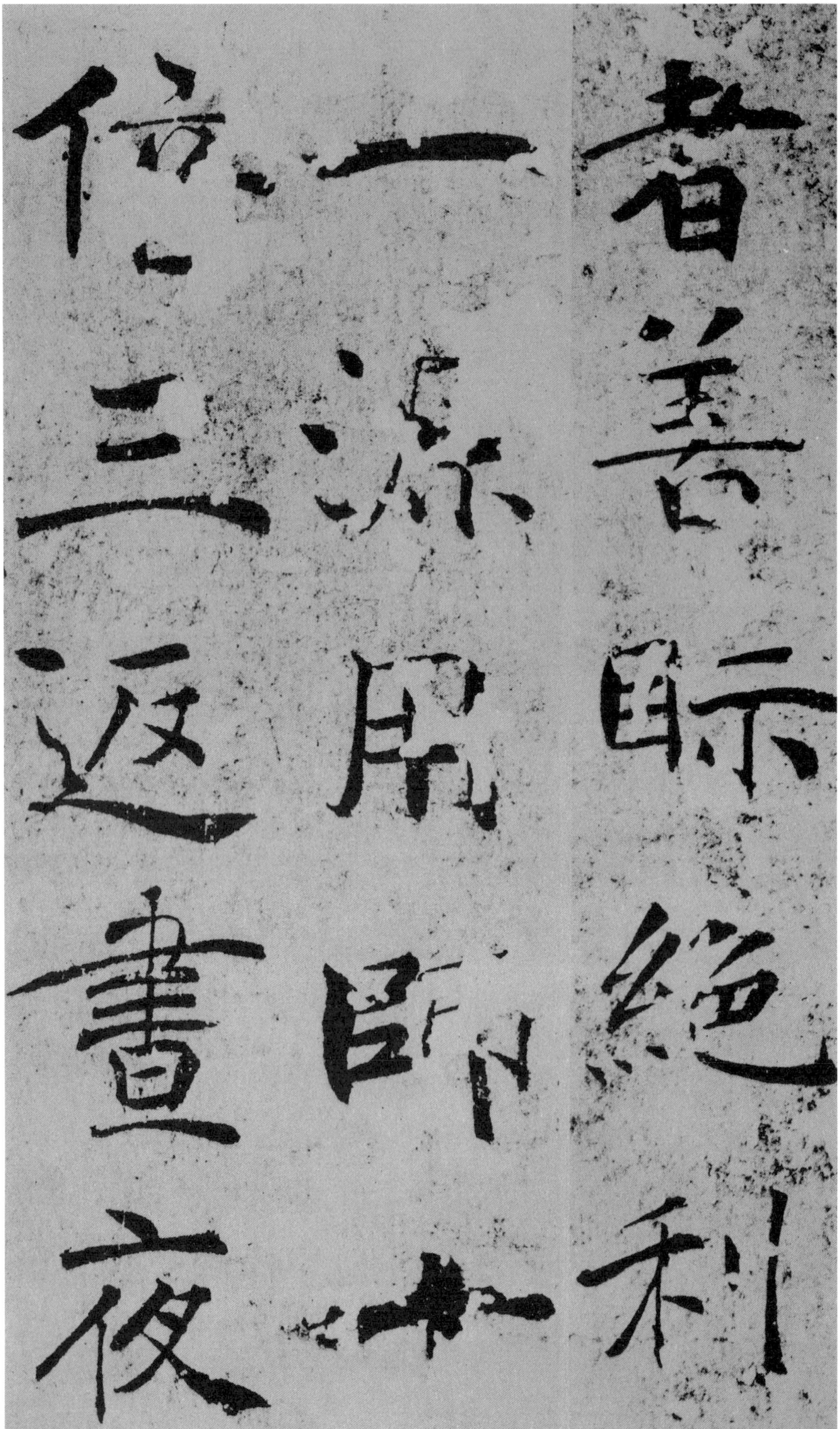

者善视绝利　一源用师十　倍三返昼夜

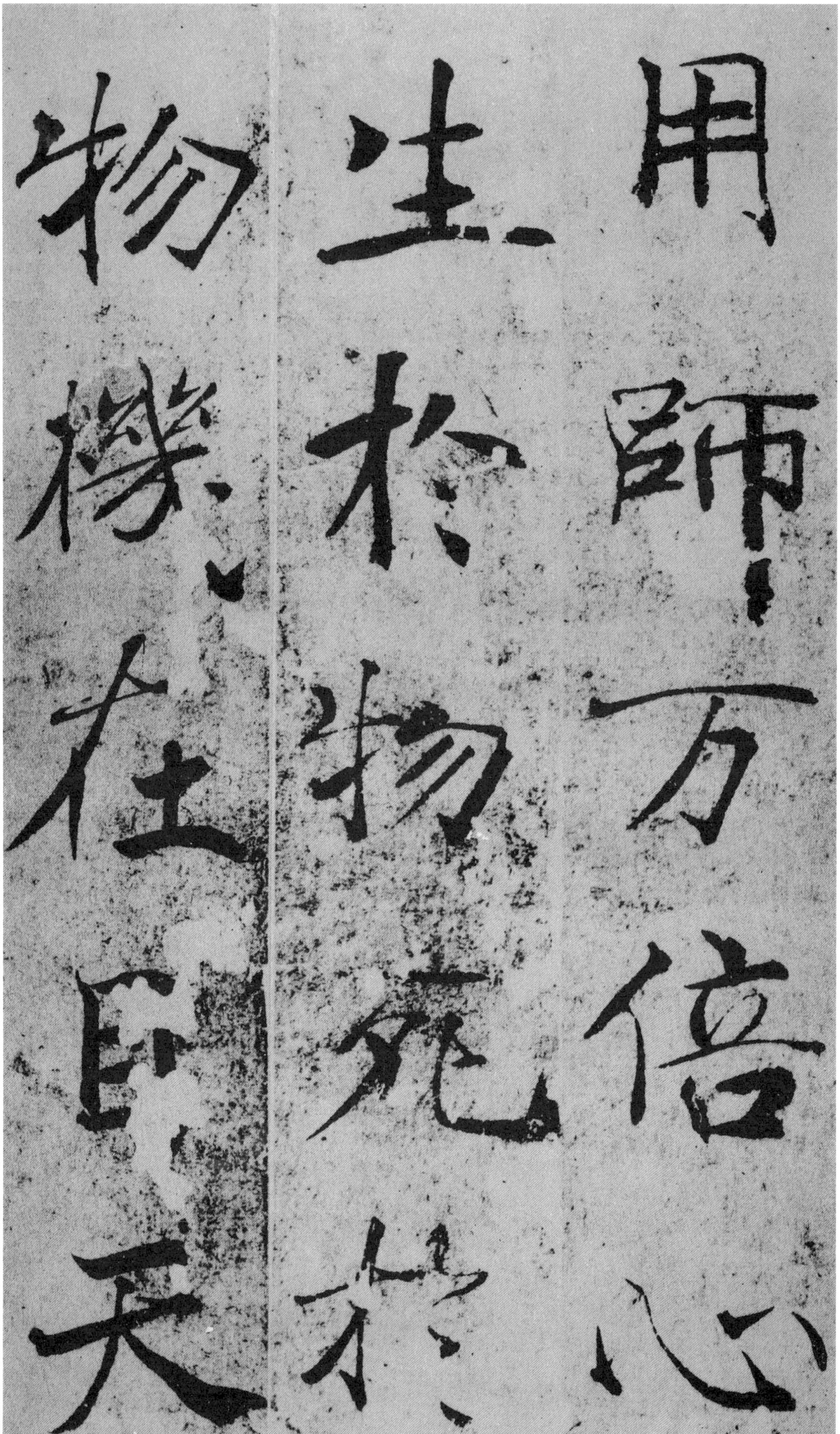
用師万倍心
生於物死於
物機在目天

用师万倍心　生于物死于　物机在目天

之無恩而大
恩生迅雷烈
風莫不蠢然

之无恩而大　恩生迅雷烈　风莫不蠢然

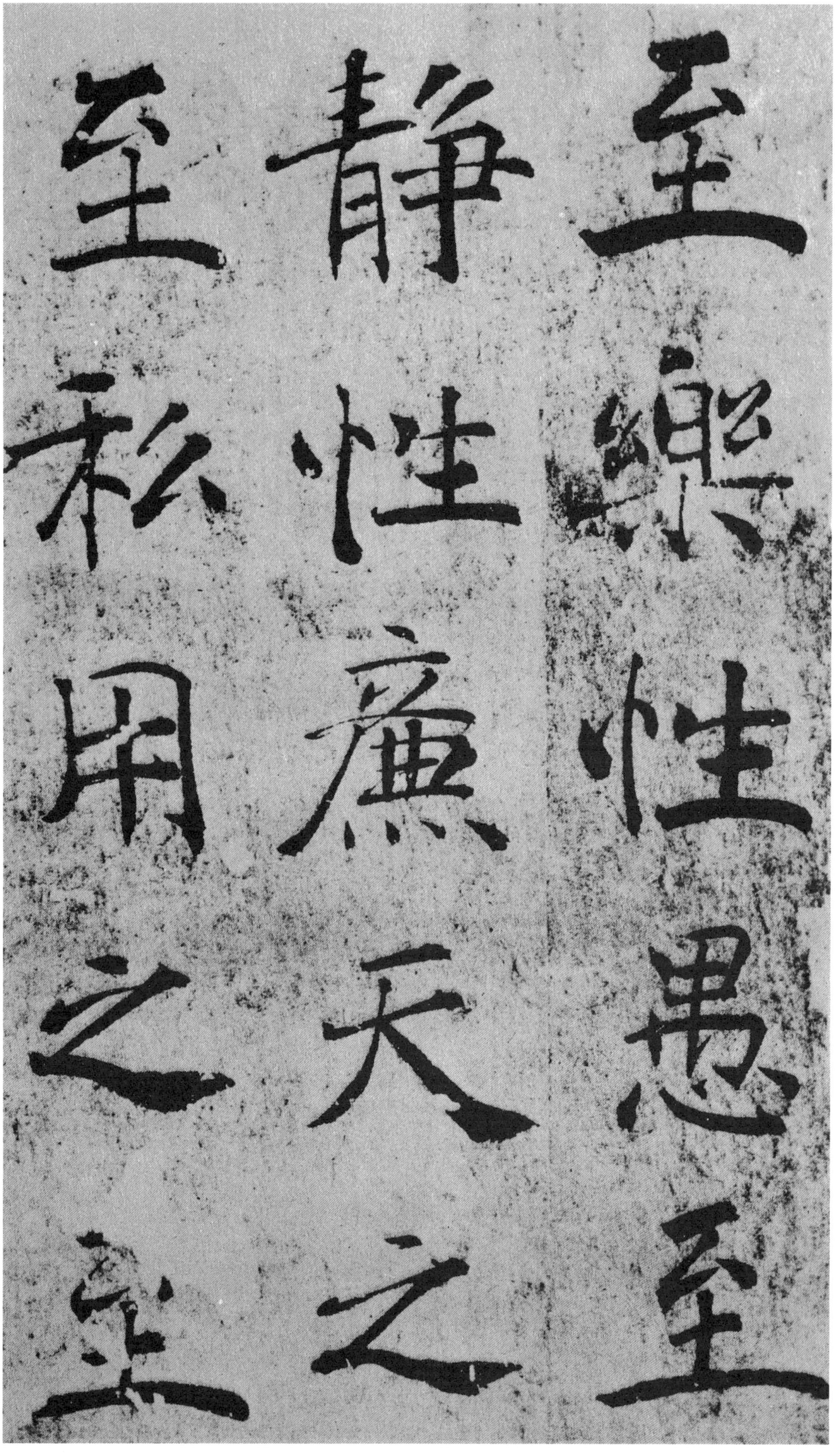

至乐性愚至　静性廉天之　至私用之至

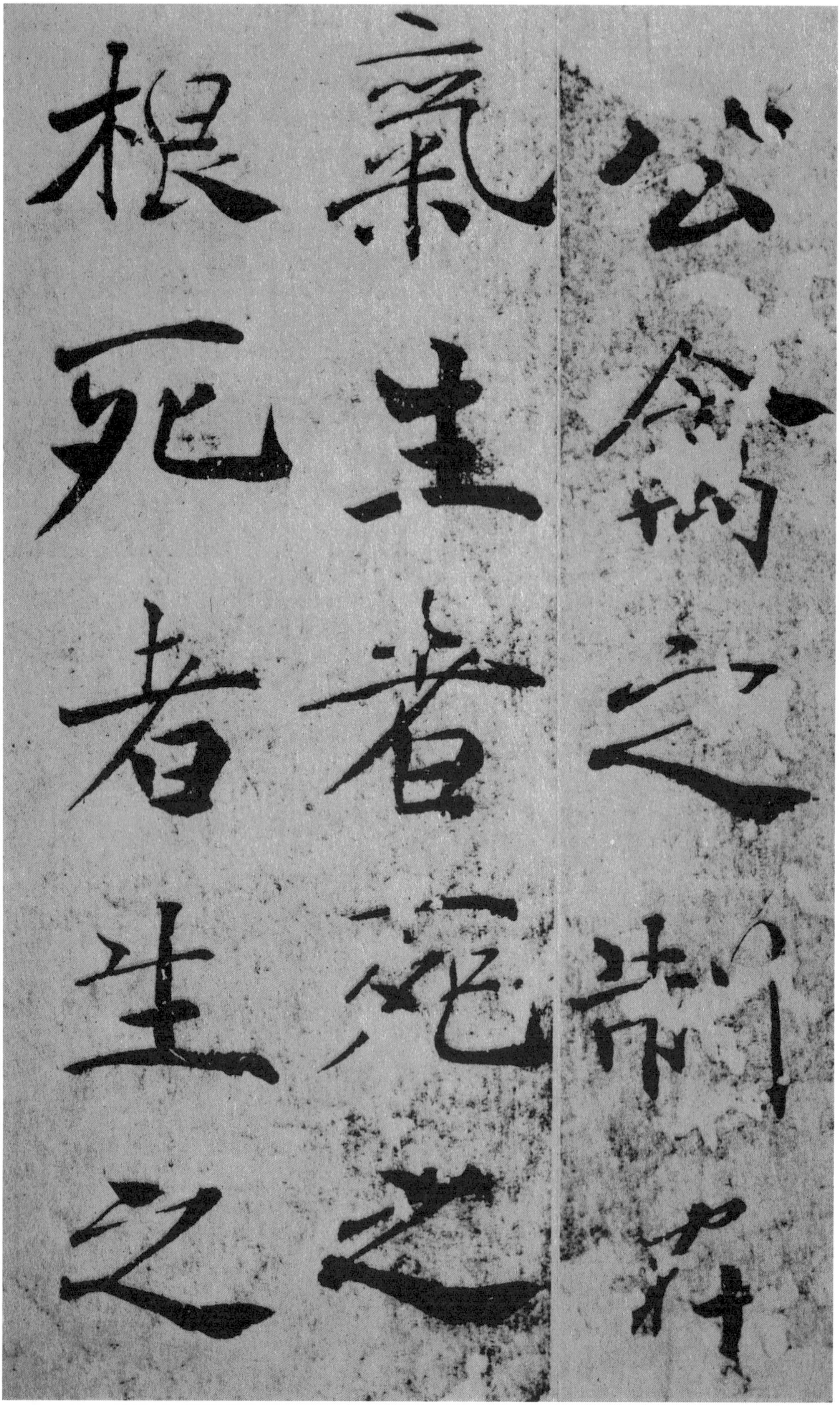

公禽之制在　气生者死之　根死者生之

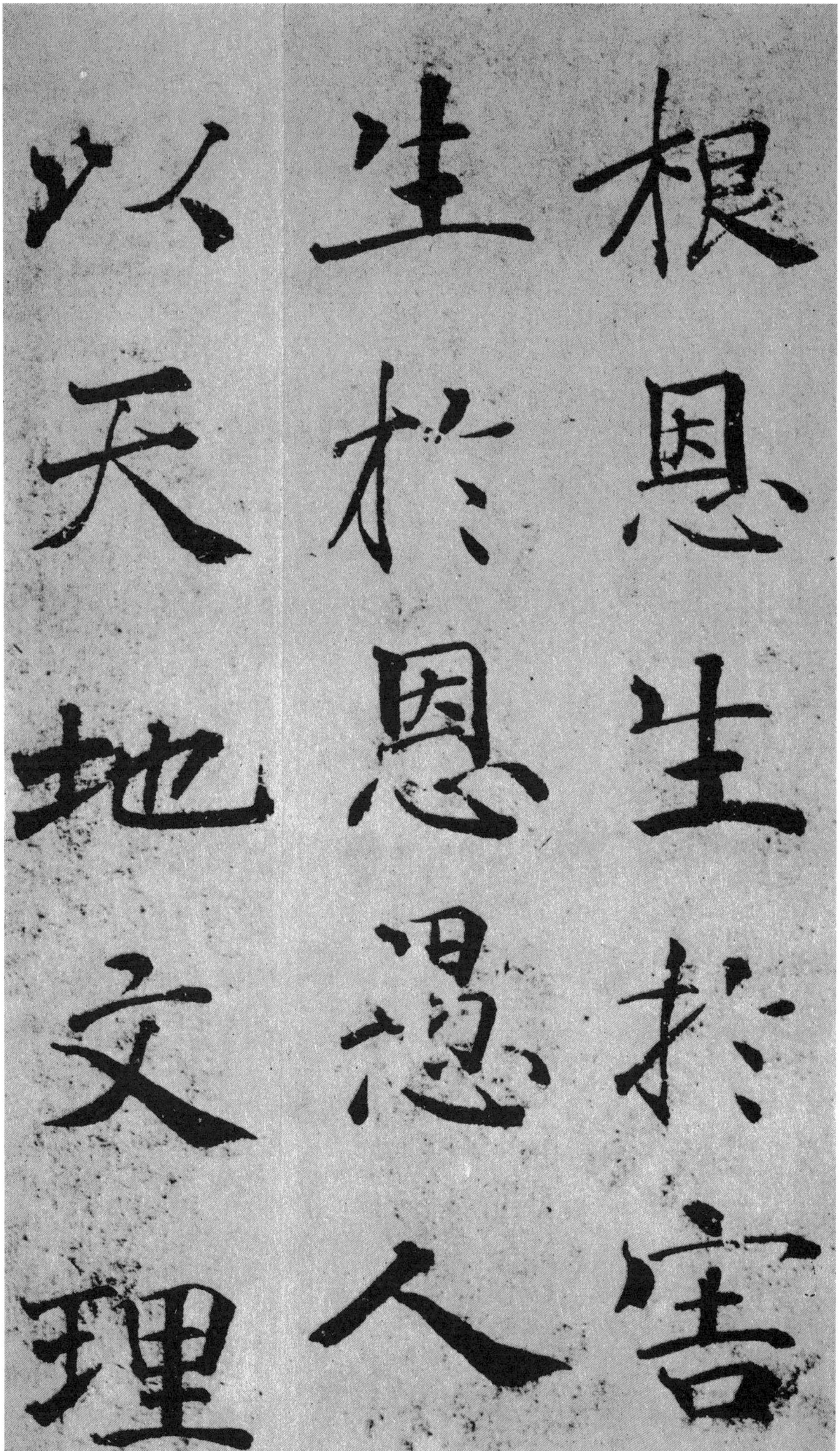

根恩生于害　生于恩愚人　以天地文理

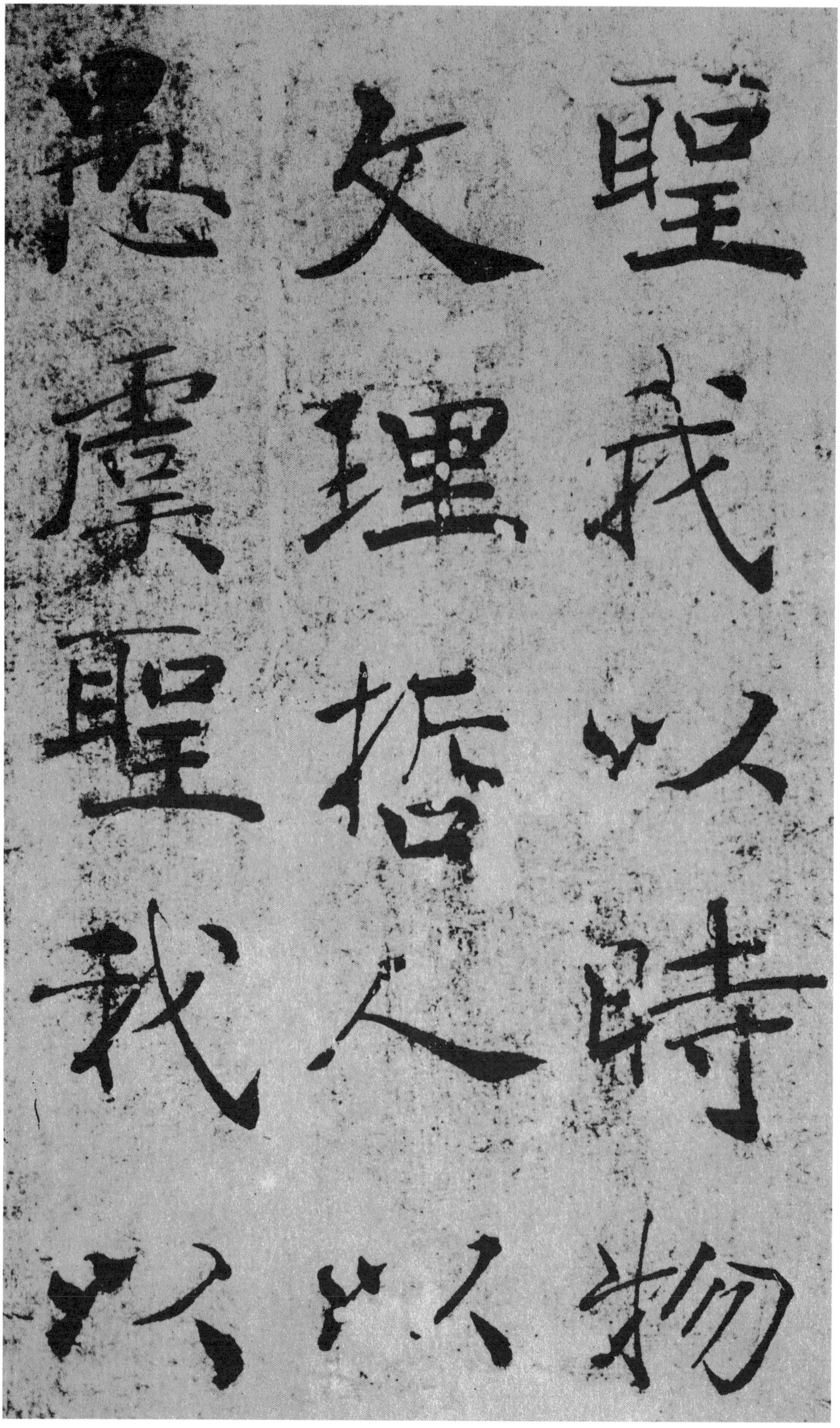

圣我以时物　文理哲人以　愚虞圣我以

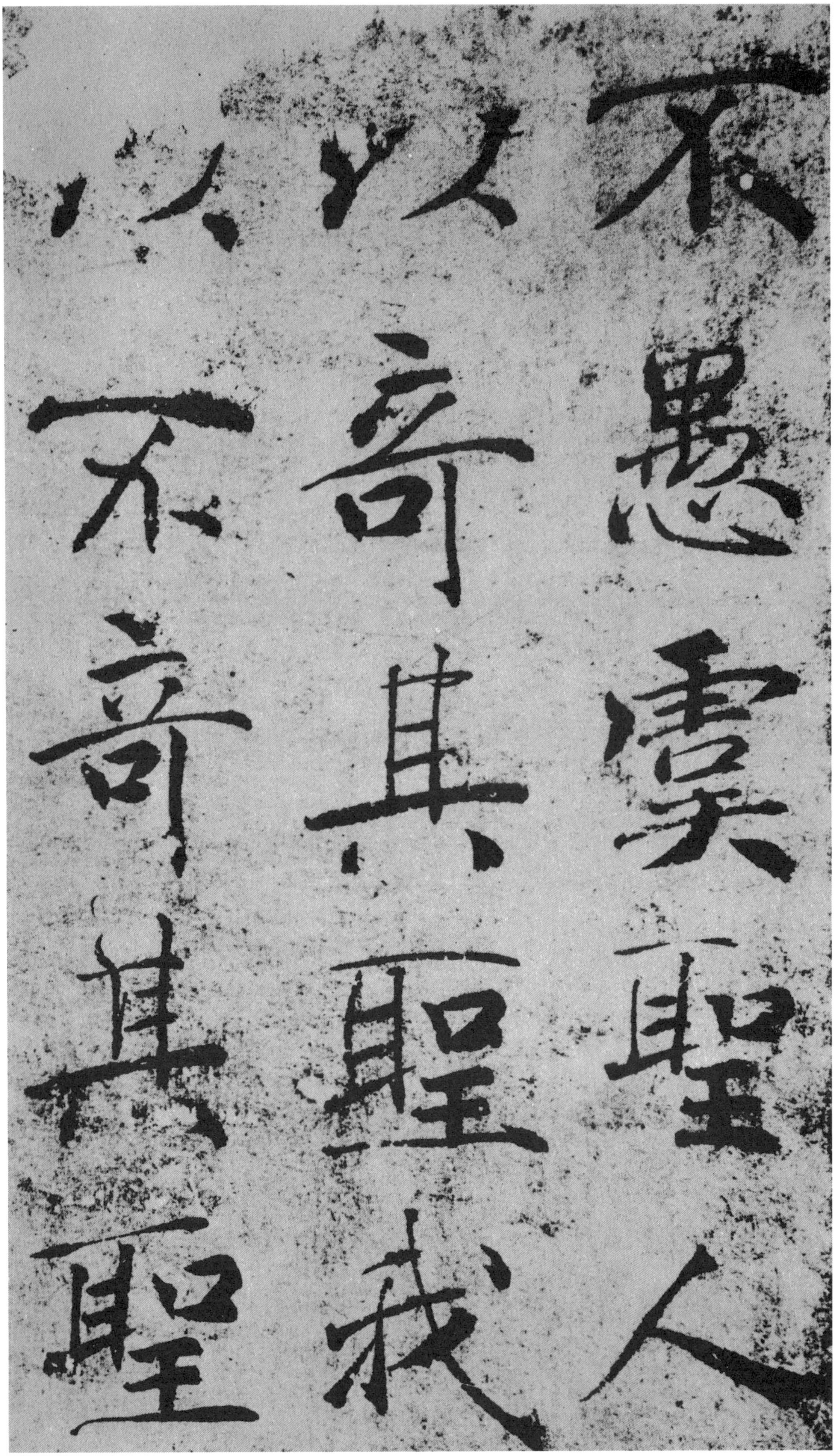

不愚虞圣人　以奇其圣我　以不奇其圣

沉水入火自　取灭亡自然　之道静故天

地（万）万物生　天地之道浸　故阴阳胜阴

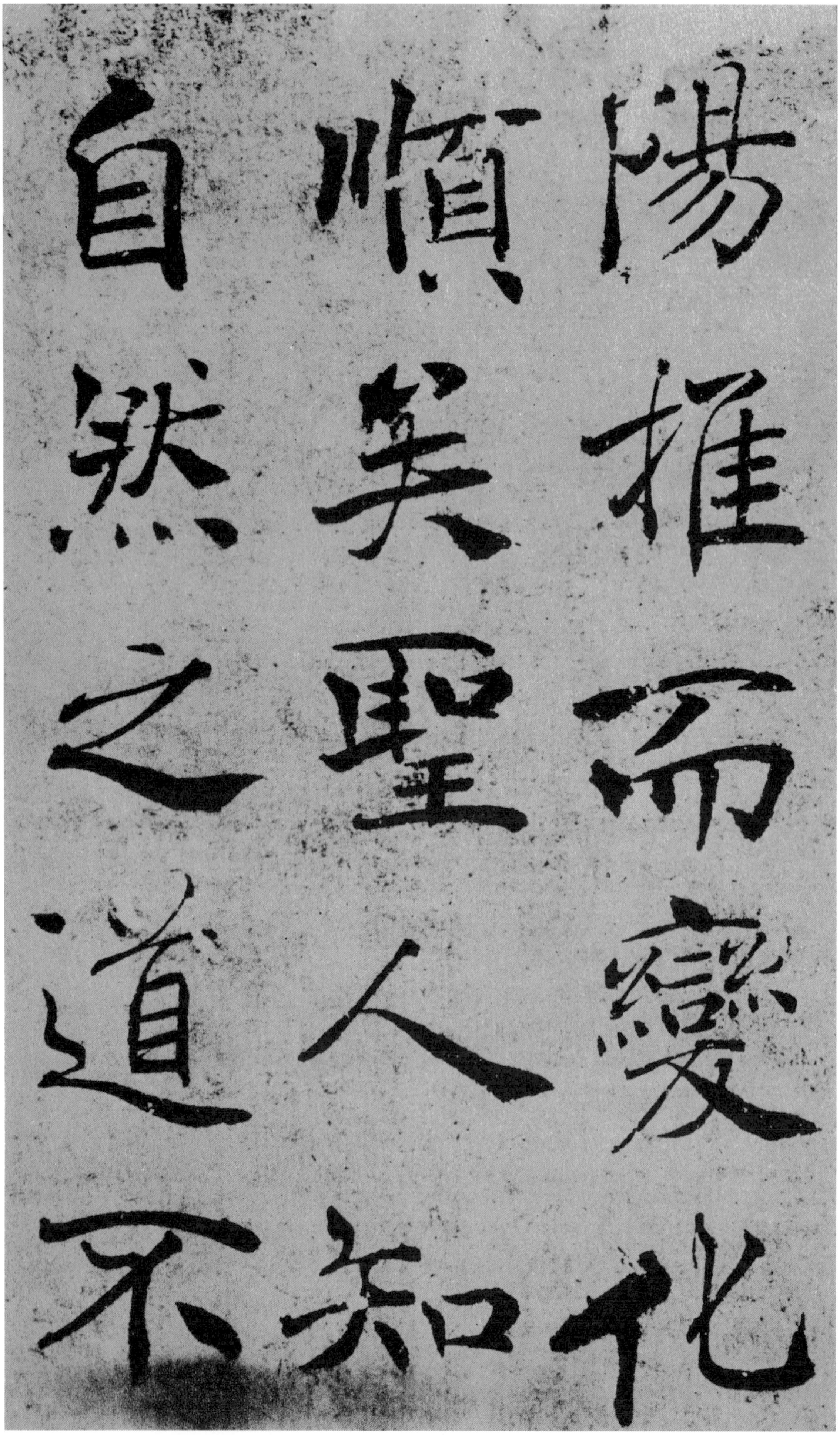

阳推而变化　顺矣圣人知　自然之道不

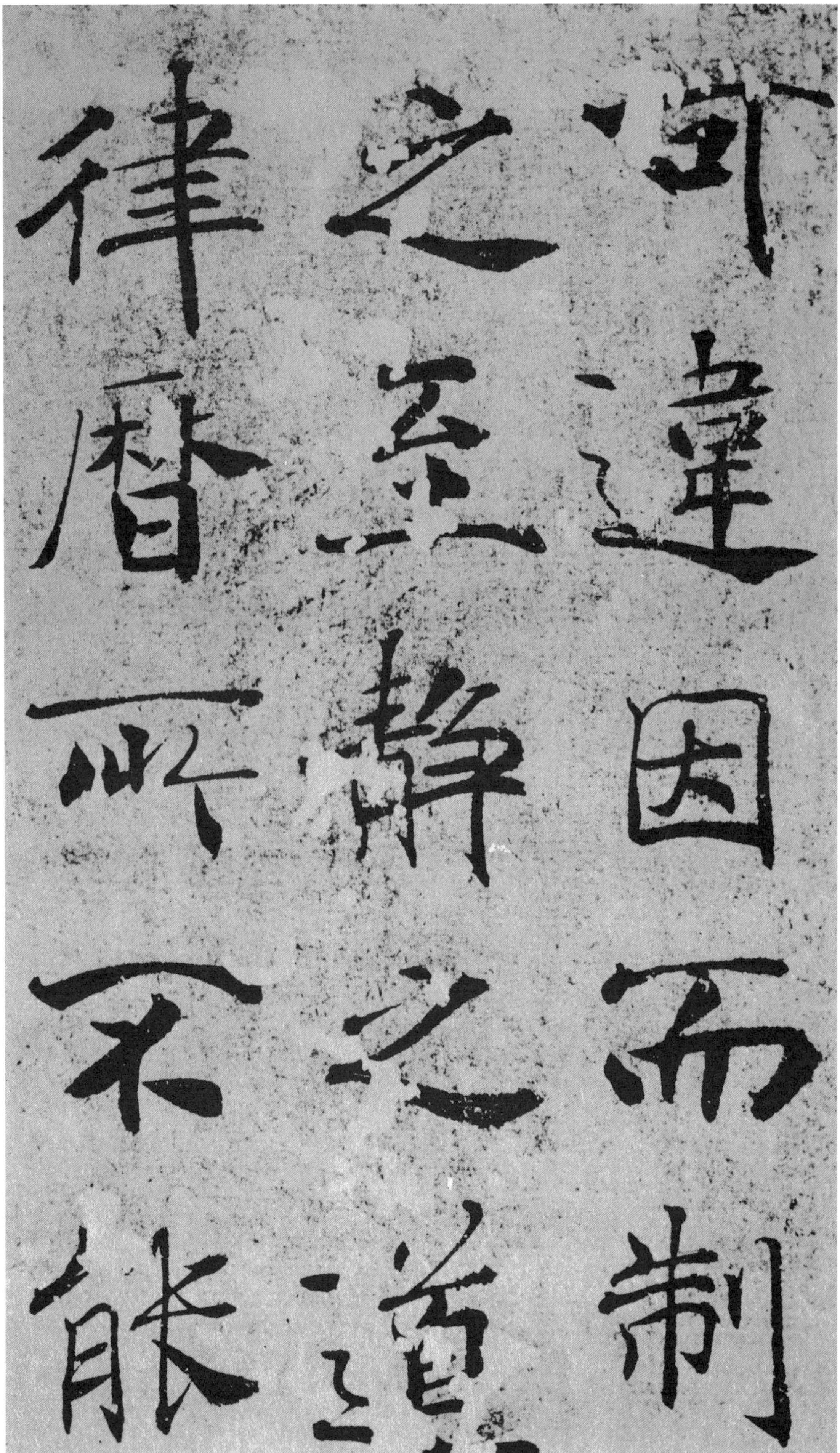

可违因而制　之至静之道　律历所不能

契爱有奇器　是生万象八　卦甲子神机

鬼藏阴阳相 胜之术昭昭 乎尽乎象矣

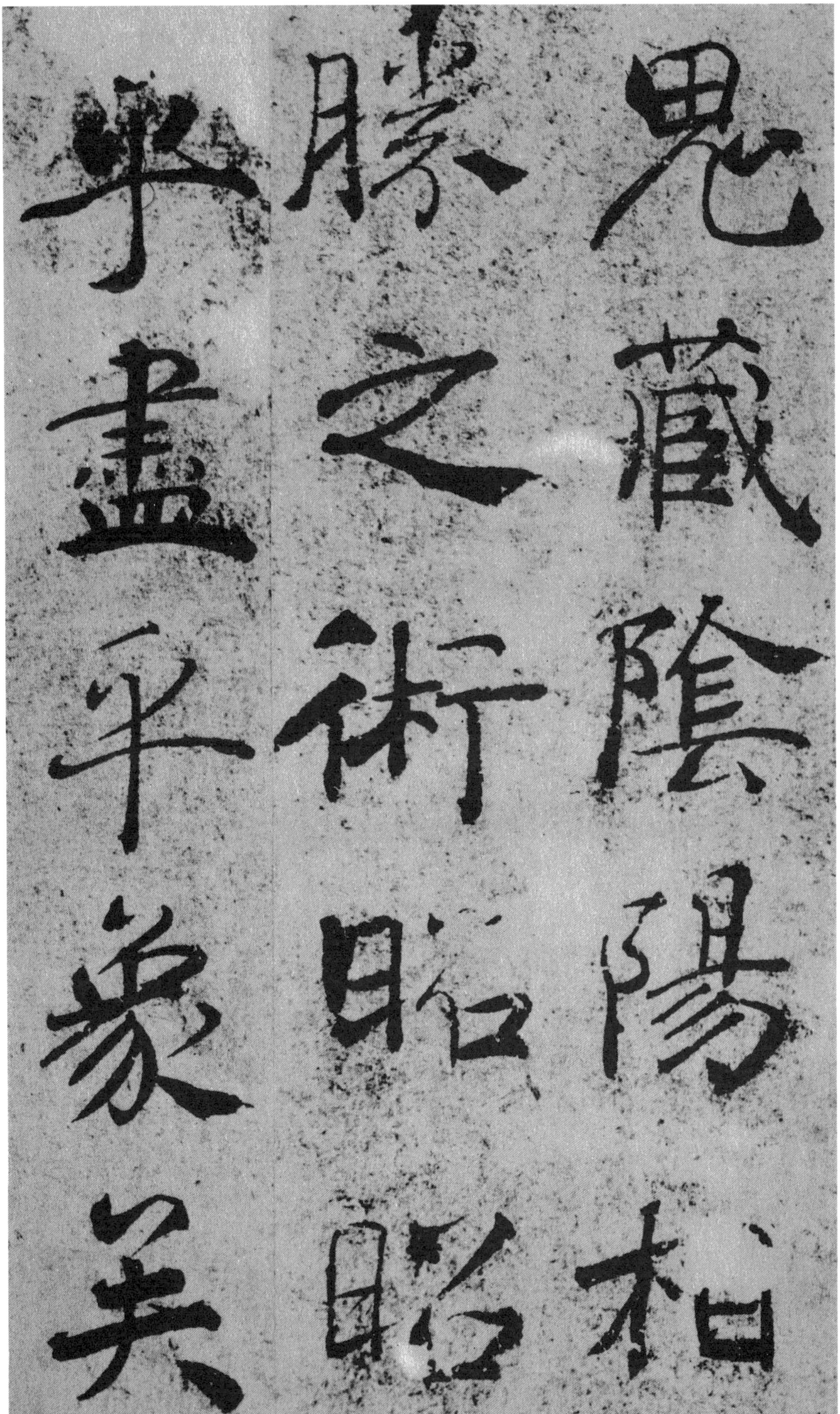

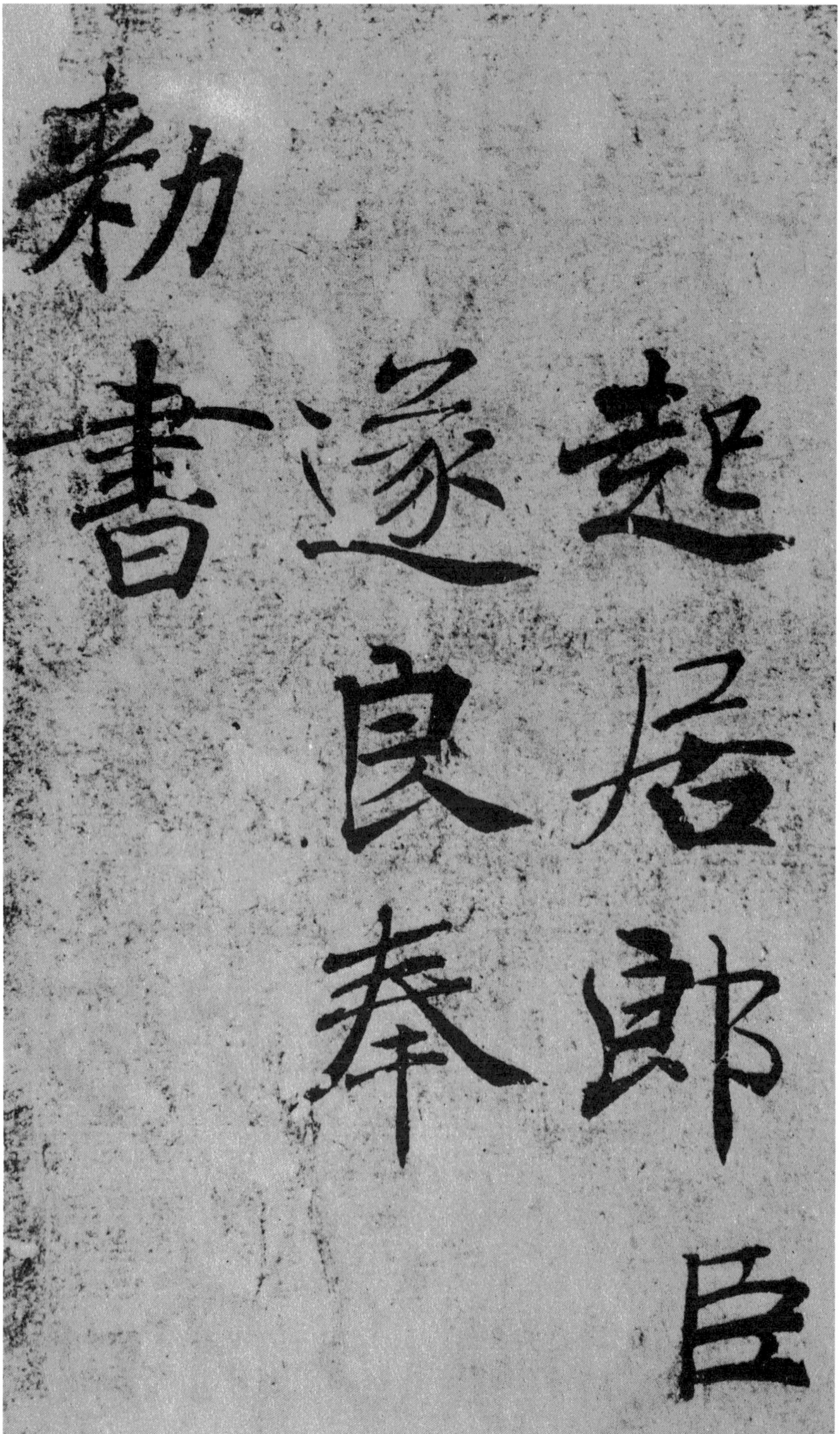

起居郎臣　遂良奉　敕书